SHODENSHA
SHINSHO

で生き残る選手　消える選手

康弘

祥伝社新書

はじめに——「活躍すること」と「生き残ること」は、同じではない

日本にプロサッカーリーグ（Jリーグ）が誕生して20年、日本代表は一九九八年のFIFAワールドカップ（以下、ワールドカップ）フランス大会に出場以来、二〇一四年のブラジル大会まで5大会連続出場を果《は》たしました。また、日本人選手は、一昔《ひと》前には考えられなかった海外のビッグクラブで活躍するようにもなりました。

いっぽう、プロサッカー選手の引退の平均年齢は26歳であり、非常に厳しい競争の世界です。そのプロの世界で、私は幸運にも41歳まで現役でプレーすることができました。Jリーガーとしても39歳までプレーし、気がつけば、日本代表未経験者では〝最年長〟になっていました。

私のプロサッカー選手としてのキャリアのスタートは、鹿島《かしま》アントラーズです。〝サッカーの神様〟ジーコと3年間、同じピッチでプレーし、真のプロフェッショナルの姿を間近《まぢか》で見たことは、今も私の財産です。

ジーコから学んだことを一言で言えば、「ひとつひとつの仕事をていねいに積み上

げ、良い作品を残す」こと。物を作る人間だけでなく、プロスポーツ選手もピッチで表現したものが作品になるということです。

私がプロとして追い求める姿は、プロの職人です。プロの職人とは、見えない細部まで神経が行き届き、あの人にこの仕事を任《まか》せておけば安心、と信頼される仕事を残すことです。私は、華々《はなばな》しく得点を決めたり、キラーパスでアシストするような存在ではありませんでした。多くの仕事が記録には残らないものでした。それでも、チームに、監督に必要とされる選手だったからこそ、最年長まで続けられたのです。

私は、サッカークリニック（サッカー教室）で少年たちに「気が利《き》く選手になりましょう」と話します。「気が利く」とは、「今、自分がこうしたら味方が助かるのではないか」と考える、思いやりあるプレーのことです。

また、ひとつのパスを通す時も「メッセージを込めなさい」とも言います。パス自体にどんな意味を込めて味方にボールを送っているか、ということです。ボールを蹴《け》って届いたボールをパスとは言わないのです。

昨今、「空気を読む」という言葉が、良い意味でも悪い意味でも使われますが、サッカーというチームスポーツでは、空気を読むことは非常に大切です。空気を読むとは、状況判断を的確にすること。自分がドリブルをしたいからするのではなく、チームにとって今、自分は何をすべきかを常に最優先することです。

長い現役時代を振り返れば、「サッカーのうまい選手」は星の数ほどいました。ただし、うまい選手＝キャリアを残す選手、ではありませんでした。それはなぜか？この答えはそのまま、代表歴のない私が、「なぜ、生き残れたのか」に通じます。

プロの視点によるサッカーの見方も含め、ご一読いただければ幸いです。

二〇一四年一月

吉田《よしだ》 康弘《やすひろ》

目次

第2章

自分の能力を知る

第3章

最強の練習法

第4章

モチベーションの維持

第5章

本番に強くなる

第6章

トラブル、スランプへの対処

第7章

視野を広げる

第8章

セカンドキャリアと管理職

第1章

組織《チーム》との関係

うまい選手が試合に出るのではない

「あの選手、いい選手なのに……残念」こういった選手は、どのチームに行っても同じ状況になります。レギュラーの一歩手前です。

プロの世界に入ってくるくらいですから、どの選手も、ストロングポイントは持っています。彼らはそれまで、それぞれのチームで中心選手として活躍していたと思います。しかし、プロに入った時点で、ゼロからのスタートとなり、厳しい競争が始まります。シーズン当初は、「お試し《ため》」で練習試合に出場機会が与えられることもあります。最初のうちは10分、いや5分もあればいいほうです。

この与えられたチャンスをどうとらえるか、大きくふたつに分かれます。与えられた5分に対して「やっとチャンスが来た」と思うか、「5分で結果を出すのは難しい」と思うかで、監督の評価やその後のサッカーへの姿勢が大きく変わってきます。

監督から見ると、短い時間のなかで必死に結果を残そうとする選手に対しては「次はもうすこし長い時間使ってみよう」となります。

プロの世界には毎年、次から次へと「うまい選手」が入団してきます。たとえ、そ

サッカー界と組織

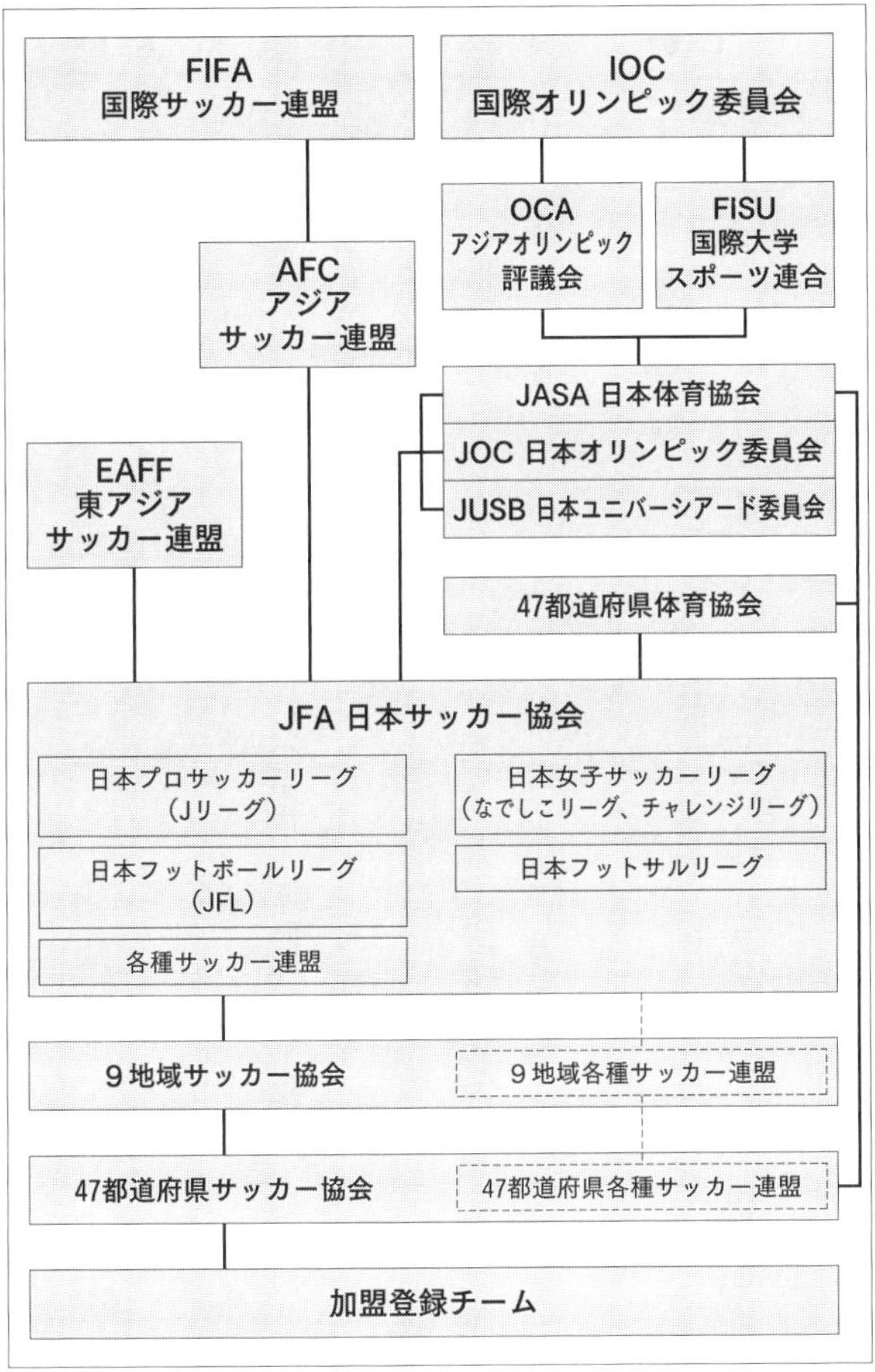

(日本サッカー協会 公式サイトより)

の年にレギュラーポジションを奪えても、次の年にはもう一度、一《いち》からやり直しです。また、監督も入れ替わる可能性があります。それまで評価してくれていた監督が変わると、ゼロから信頼を得なければなりません。

私がプロに入り、最初に学んだことは「いい選手が試合に出るのではなく、試合に出る選手がいい選手」ということです。どんなに周《まわ》りからうまい選手と言われても、肝心《かんじん》の監督から評価を得て、試合に出場しなければゼロなのです。

サッカーというチームスポーツは、1＋1＝2では十分ではありません。試合で使われる選手は、出場することで1＋1を3にも4にもできる、相乗効果を発揮する選手です。ですから、「うまい」だけの選手ではダメだということです。

監督のゲームプランを読み取る

私は、プロになってから10人以上の監督の下《もと》でプレーしてきました。指揮官が変われば、戦い方もメンバーも変わります。しかし、どのような状況であれ、選手の目標はシンプルです。それは、試合に出ること。

私がもっとも苦労したのは、清水エスパルスの時でした。そのシーズンは、監督が２回交代し、なんと1年間に３人の監督の下でプレーしました。平均３カ月で、指揮官が変わったことになります。これは特殊な例ですが、今では、シーズン中に監督が交代することはめずらしくありません。

私は身長１７２センチ・体重70キロ、どのチームでも下から数えて３番目以内のスモールサイズです。足が速いわけではなく、ドリブルが得意なわけでもありません。このように特徴のない私を、監督はほとんどの場合、最初から使おうとしません。しかし、私はけっしてあせることなく、この期間を「観察期間」と位置づけていました。新監督を迎えたチームでは、新戦術や新システムへの変更があります。それらがチームになじむまでには時間がかかるのです。

新戦術や新システムをチーム全体に落とし込むまでには、選手の組み合わせを変える作業も時には必要になります。このタイミングが、私にとってはチャンスでした。そして、このチャンスを生かすも殺すも、それまでの観察期間の過ごし方で決まります。ポイントは次の２点です。

①どのポジションに自分が入りそうか、シミュレーションする――サッカーではゴールキーパー以外、どのポジションを任されるかわかりません。ですから、どのポジションを任されるかを考え、その準備をしておくのです。コンバートされて驚くようでは、チャンスはつかめません。

②どこに油を差すとチームが機能するか、シミュレーションする――先述のように、選手として特徴のない私は、自分がどういうサポートをすれば、チームがスムーズに動き出すか、を考えてプレーしていました。私がいつも心がけていたことは、チームの「潤滑油《じゅんかつゆ》」になることでした。

「自分に何が求められているか」を見抜く

監督の期待に応《こた》えるためには、まず「自分が何を求められているか」を整理する必要があります。

期待とは、ユニークな存在だったり、他にはないその人しかできないものや個性を評価されると思いがちです。しかし、プロだからこそ、役割に徹することが大切です。

試合中、様々なアクシデントが起こります。時には、監督の目にわからない小さな綻《ほころ》びが生まれ始めます。この状況は、ピッチにいる選手にしかわかりません。私の役割は、交通整理をする〝警察官〟のようなものですから、これら次々と生まれるアクシデントを小さなうちに発見することが大事です。

そして、問題を解決するには、その問題の根本を発見しなければなりません。相手は、次々と策を打ってきます。こちらは、決定的なダメージを受ける前に、防ぐ対策を講じなければなりません。

たとえば、相手のストロングポイントが右サイドであれば、事前に味方の左サイドに注意を促《うなが》します。また、味方の８番の選手の調子が良いと感じれば、その選手を積極的に使うように周りと情報をシェアします。

監督は、試合中に問題が起きたり、チームが機能していない状況に対して、選手へ指示を送ります。しかし、それでは、トラブルが起こったあとに手を打つことになります。試合中に起こる小さな問題を解決していくのは、主に選手なのです。ですから、ピッチでは常に選手間で問題解決をするためのすり合わせが行なわれています。

また、サッカーの試合は、おたがいが相手のバランスを崩《くず》し合うゲームとも言えます。チームのバランスが大きく崩れる前に立て直すことも、私の役割でした。そのために必要な能力は、危機察知能力です。危機を誰よりも早く察知するポイントは、「もしかして……」という発想と、最悪の状況を常にイメージしておくことです。

「絶対にやってはいけないこと」をつかむ

自分の役割を知ることが大事であるとお話ししましたが、反対に、してはいけないプレーがあります。選手は、監督が自分を使う理由（長所）とセットで「これをやってはダメ」を頭に入れておかなければなりません。

センターフォワードというポジションは、何よりも得点することが求められます。そのために何をしなければならないか、これは選手自身が考えることです。

たとえば、サイドからすばらしいクロスが入ってきたが、そのポジションにセンターフォワードがいなかった、という状況を作ってはいけません。そのポジションにうまく入ったが、シュートミスをしたとします。この場合、単なるシュートのミスですから、次に同じミスをしないように練習をしていけばいいわけです。

しかし、そのポジションに入ってさえいなかったことに対しては、ストライカー(ゴールゲッター)として能力が低い、という評価になります。チームのなかで与えられた役割を全《まっと》うしていない、ということです。だったら、次はもっと得点意欲のある他の選手を起用してみようと監督は思うものです。

大切なことは、監督に、今回のチャンスではシュートを外《はず》したが、何か可能性を感じる、と期待感を抱《いだ》かせるプレーをすることです。

試合中、ピッチではミスが次々と起こります。問題は、ミスのしかたです。積極的なチャレンジでのミスは、プレーの意図が端《はた》から見てもわかります。それに対し、消極的なミスは「今、何がしたかったの？」という評価になります。

どんな選手でもいつも心がけておきたいこと——それは、味方の選手が迷うような消極的なプレーをしないことです。これは、監督がもっとも評価を落とすプレーでもあります。

自分と監督は8対2

選手を選ぶ決定権は、監督にあります。では、100パーセント監督の理想に注力すべきでしょうか。

監督が前年度から留任の場合であれ、新監督であれ、シーズンスタートは、例外なくレギュラー争いが横一線で始まります。今シーズンはどんなサッカーを展開するのか、補強選手をどのように使おうとしているのか、など監督の意図を汲《く》み取りながら、選手は、自分のコンディションを試合のできる状態に持っていく作業を同時進行させなければなりません。私が監督の意図を汲み取るポイントは、次の2点です。

①守備に重点を置くのか、攻撃に重点を置くのか。

サッカーは、攻守どちらも重要なことは言うまでもありません。守備を重視する監督では、いくら攻撃センスがあろうとも守備能力が低い選手の出場は難しくなります。反対に、攻撃を重視する監督では、守備に多少難《なん》があっても抜群の攻撃力を備えていれば出場の確率は高まります。

ちなみに、現代サッカーではほとんど見かけなくなりましたが、私がプロサッカー選手としてキャリアをスタートしたJリーグ草創期には、守備はまったくできない、いや、する意識がない外国人プレーヤーもいました。ただし、彼らは、1試合に必ず一度や二度、点を取る、あるいはアシストするなど決定的な仕事をしていました。

②どんな選手を獲得したのか。

監督がどんなタイプの選手を獲得したかを見極《みきわ》めることは重要です。たとえば、ハーフナー・マイク（フィテッセ、日本代表）のような長身のセンターフォワードを獲得したら、比較的長いボールを前線に入れる攻撃が増えることが予想できます。

このように、私はふたつのポイントから、チームのそのシーズンの試合展開をシミュレーションしました。

そして、これを監督が考える戦術だとすると、プレーの100パーセントのうちの80パーセントと位置づけ、残りの20パーセントで自分のカラーを出すことを心がけました。30パーセントだと自分に意識が行き過ぎますし、逆に10パーセントだと「替えの利く選手」になってしまい、存在感を失ってしまいます。

「誰かのため」ではなく、「この人のため」にプレーする

Jリーグでは、地元の生《は》え抜《ぬ》き選手やそのクラブ一筋の選手の人気は絶大です。また、日本代表になるとテレビなどマスコミにも登場する機会が増え、ホームゲームでの彼らのグッズの売上げは、チームにとって大きな収入源になります。

私がこれまでプレーしてきたチームのなかで、特に地元の生え抜き選手が多かったのが清水エスパルスでした。レギュラーが私以外、代表経験者か外国人という時もありました。

豪華メンバーのなかでも、特に際立《きわだ》っていたのが、両サイドバックにいた市川大祐《いちかわだいすけ》（藤枝MYFC、元・日本代表）と三都主《さんとす》アレサンドロ（元・清水エスパルス、元・日本代表）でした。このふたりを目当てに、大勢のサポーターが観戦に訪れていたのです。

私は、ある試合での出来事を今でも忘れられません。その人気絶大な選手がサブ（控え選手）に回り、私がサイドバックのポジションで先発出場しました。

ちょうど、そのポジションがメインスタンド側ということもあり、当てが外れたサ

ポーターによるヤジ、「俺は吉田を見に来たんじゃないぞー」を受けることになりました。私は、心のなかで「今日はアウェーだ」と言い聞かせました。

後半にエンドが変わり、やれやれ一安心と思っていたら、今度は反対サイドのサイドバックの選手の調子が悪く、そのポジションに私がコンバートされることになりました。期待通り（？）、メインスタンドからは「また、おまえかー」という罵声《ばせい》を浴びることになりました。さすがに、自分でも笑うしかありませんでした。

そのいっぽう、ホームゲームで客席を見渡して数人、実際に発見できるのはいつもひとりですが、５番（当時の私の背番号）をつけたユニフォームを着ているサポーターを見つけると、とても勇気がわいてきました。

選手のインタビューで「自分のプレーで多くの人を喜ばせたい」というコメントをよく聞きますが、私には、そのようなすごいプレーはできません。せめて、スタジアムで見つけた、５番のユニフォームを着て見に来てくれたその人に「今日スタジアムに来てよかった」と思ってもらえれば最高だ、と思ってプレーしていました。

「前任者の影」を追わない

私は、はじめてプロになった鹿島アントラーズの時から、ポジションを固定されることなくフォワード、ミッドフィールダー、ディフェンダーまでゴールキーパー以外、すべて経験しました。

当然ですが、それぞれのポジションにコンバートされる前には、必ず前任者、前レギュラー選手の存在があります。チームや選手には、前任者のイメージが少なからず残っており、その存在・影響力が大きいほど残像も大きくなります。

私の経験のなかで、特に前任者の影響が大きかったのは、先述の清水エスパルスの両サイドバック、市川と三都主です。彼らのポジションにコンバートされて私が考えたことはただひとつ、「自分ができることをする！」でした。言葉にするのは簡単ですが、ここに行きつくまでかなりの時間がかかりました。

彼らは、自分でボールをドリブルで運び、最後はきっちりと正確なクロスを上げるという、まさにサイドバックのお手本のような選手たちでした。

それに対して、私はドリブルが得意ではなく、何より彼らほどスピードがありません。ですから、ドリブルで突破、という選択肢はありませんでした。

しかし、ある時ふと考えました。なぜ、そんな私を監督は使い続けてくれるのか。冷静になって考え、まず監督がこれほど自分を信頼してくれていることに感謝しました。日本代表でもない私を使うことには、相当な勇気が必要だったはずです。

それからは、次第にポジティブに考えられるようになりました。それまで、ネガティブに前任者と私の「差」について思いを巡《めぐ》らせていましたが、視点をずらして「違い」に着目しました。「彼らと同じ仕事はしなくてよいのだ」と思えてからは、もやもやしていたものが、かなりすっきりとしてきました。

危《あや》うく、自分が勝手に想像した理想像を追い求めるところでした。その後は「吉田オリジナルのサイドバックとは何か」だけを考え、プレーに集中できるようになりました。

チーム状態が悪い時こそ、自分の出番

日本のプロサッカーリーグのスケジュールは、三月からのリーグ戦に向けて、どの

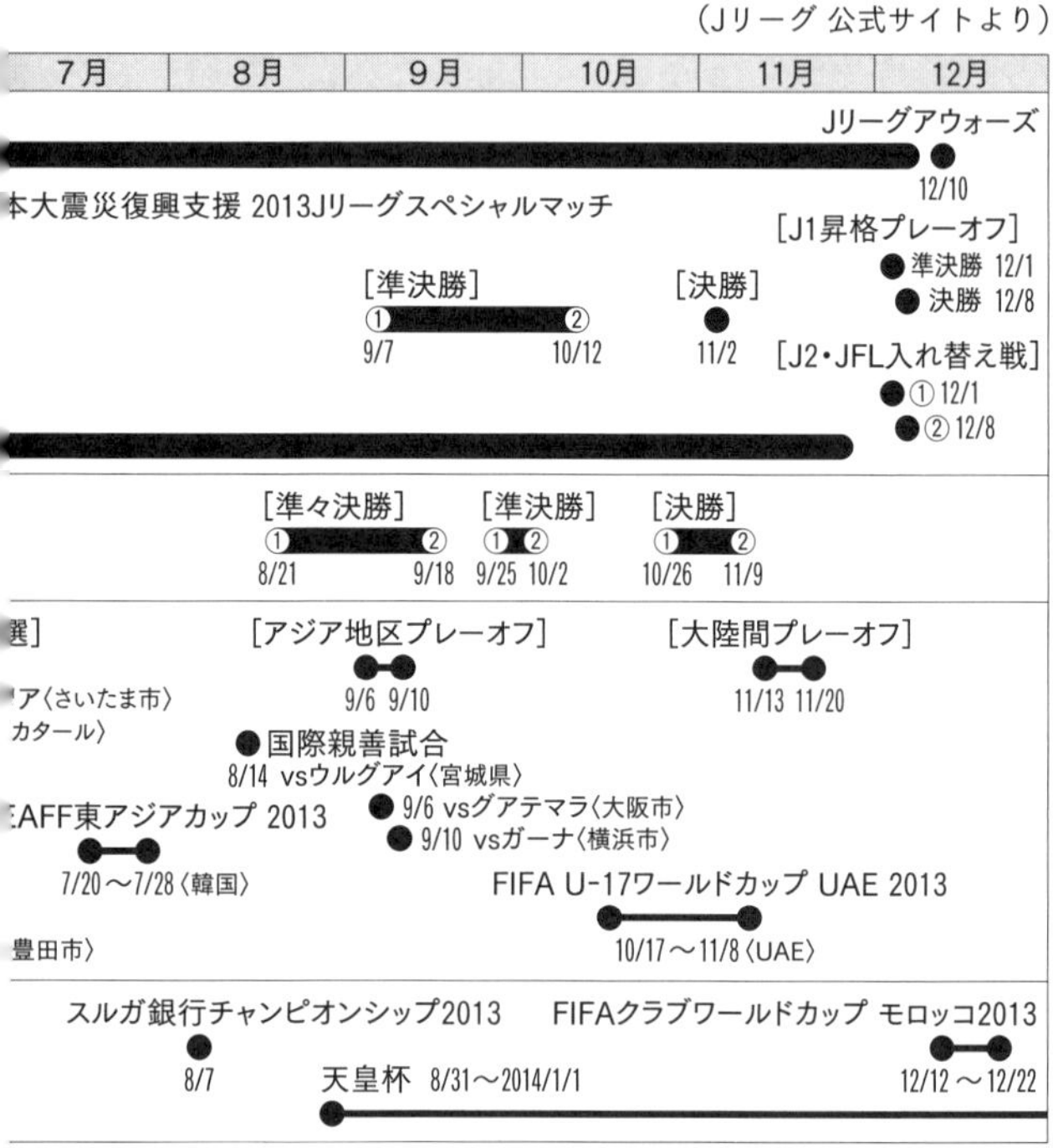

チームも一月から徐々にスタートしていきます。二月には強化キャンプに入り、練習試合の数も多くなり、より実践に近い練習が増えていきます。

横一線でスタートしたレギュラー争いも、開幕2～3週間前には、どのチームでもおおよそのスターティングメンバーが決まってきます。

サッカーの年間スケジュール（2013年の場合）

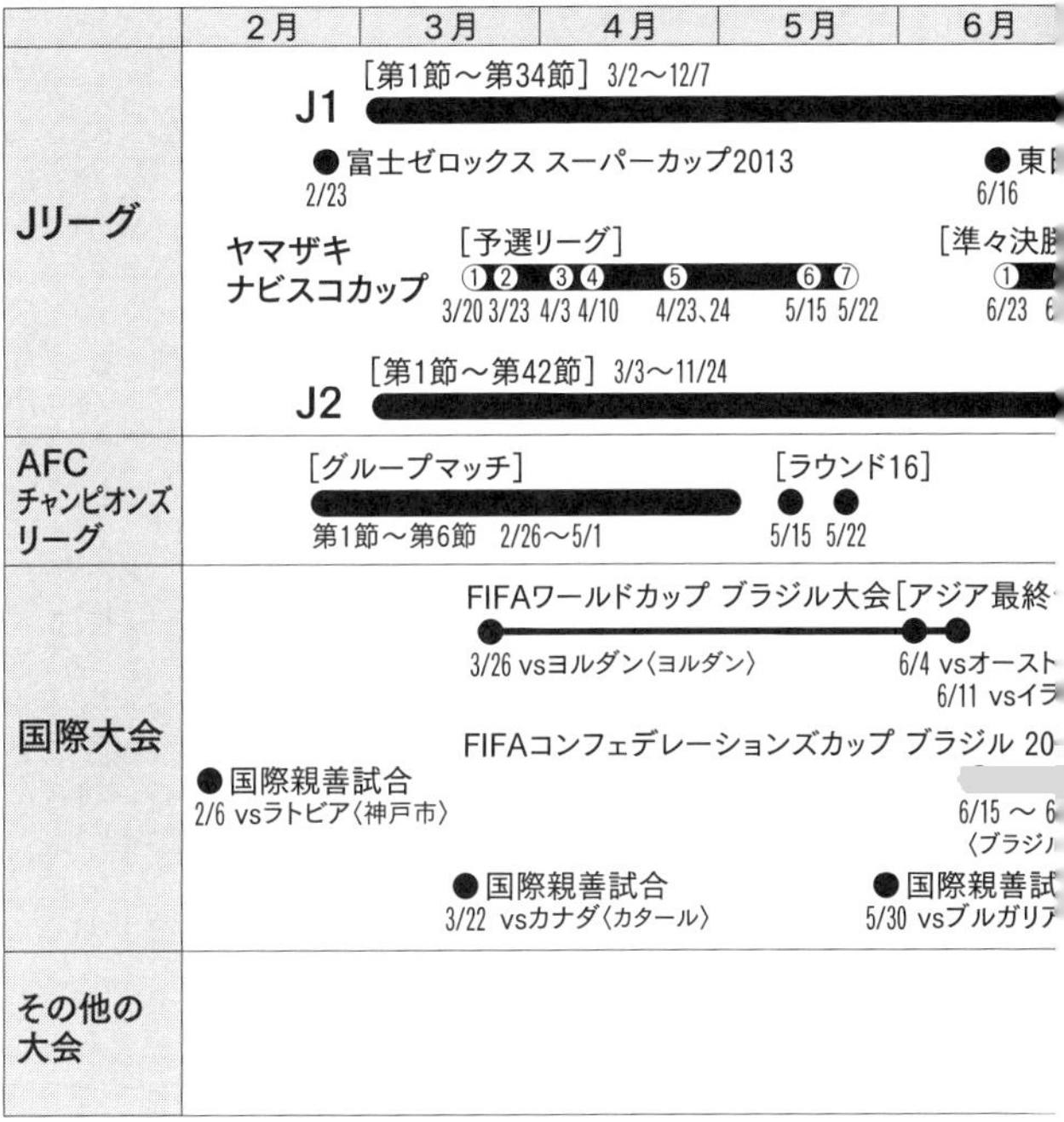

この時点でレギュラーポジションを獲得できていない選手は、どんな形であれ、次の出場チャンスが訪れるまでに技《わざ》を磨《みが》いておくしかありません。

　しかし、監督にもよりますが、公式戦がスタートしてしまうと、チームがかなりの連敗をするか、あるいは同じポジションでケガ人が出るなどのことがなければ、チャンスはなかなか巡ってきません。

私も、開幕からなかなか出番が回ってこないシーズンを何度も経験してきました。その間、もっとも大事なことは、声がかかったらいつでも出場できるように体も気持ちも準備しておくことです。

そのなかで、私が目処《めど》にしていた時期があります。それは夏です。ご存じのように、サッカーはもっとも過酷なスポーツのひとつです。ひとりの選手が走る距離が1試合平均12キロと言われており、夏の試合前後では、体重が3キロも違うことがあたりまえになっています。

夏と言っても、日本では六月から気温が上がり、九月まで暑い日が続きますから、三月から開幕して3カ月ほどたてば、「自分の季節」がやってくると勝手に思い込んでいました。

私のように特に突出した武器がない選手は、どこでがんばるのか、どこを勝負の目安にするのかを決めておくと、余計なあせりを生むことなく、いい意味でマイペースを保つことができます。

「チームが良い状況」では、みんなが活躍できます。では、負けている時や、真夏の炎天下での試合では、誰ががんばれるのか。これは、技術ではありません。考え方の問題です。

悪い状況でしか「差」は出ません。私は、特に夏には重宝《ちようほう》されました。監督に「夏は吉田」というイメージを持ってもらうことで、チャンスが広がったのです。

チーム状態が良い時に考えること

Jリーグの公式戦は、ホーム&アウェー方式の18チームの総当たり、年間計34試合が行なわれます。1年間に、同じ対戦相手と少なくとも2試合は行なうことになります。

同一チームとの連戦で、最初の試合で負けたとします。すると、次の試合では、プロのプライドと意地を賭《か》け、同じ相手に2度負けるわけにはいかないと、強い思いで臨《のぞ》みます。では、逆に勝ったら、どういうモチベーションで次の試合に臨むでしょう。これは、前回以上の強い気持ちで臨みます。なぜなら、相手は必ずリベンジを果たす気持ちで向かってくることが予想されるからです。

これは対戦相手に限ったことではありません。連勝しているチームでプレーしている時は、負けている時よりも慎重になります。周りは、勝ち続けているのだから怖いものなしだろうと、とらえがちですが、プレーしている選手は、勝っているという自信もありながら、不安な気持ちといつも戦い続けているのです。

特にリーグ戦終盤で、下位チームと対戦する時は戦いにくいものです。なぜなら、下位チームは上位チームに一泡《ひとあわ》吹かせてやろうとか、上位チームに勝って勢いに乗りたいと考えているからです。

このように、試合に勝つことは大変ですが、勝ち続けることはその何倍も大変ということがわかります。監督の立場では、なおさらです。「勝って兜《かぶと》の緒《お》を締めよ」ではありませんが、不思議なもので、勝っている時ほど不安になるものです。

私がまだ若かりし頃、チームが連勝していて、自分がサブだと、「しばらく出番はないいな」とネガティブな考え方に陥《おちい》ったこともありました。

確かに、チームが勝っている時には、監督にとって、メンバーや戦い方を変えるのは勇気が必要です。しかし、監督を経験した今だから確信を持って言えることですが、監督は勝敗にかかわらず、チームがもっと良くなることを常に考えています。したがって、選手はいつでも自分次第でチャンスをつかめるのです。

第2章

自分の能力を知る

「自分は何も持っていない」と知る

プロの世界には毎年、才能豊かな選手が次々と入団してきます。そんな天才たちを気にしすぎると、彼らの才能の波に飲まれ、溺《おぼ》れてしまいます。自分自身を見失う危険なパターンです。

私は二〇一一年から2年間、母校・明治大学の体育会サッカー部（以下、明治大学サッカー部）のコーチを務めました。ここ10年ほど、後輩たちの活躍には目を見張るものがあります。小川佳純《おがわよしずみ》（名古屋グランパス）、福田健介《ふくだけんすけ》（ヴァンフォーレ甲府）、長友佑都《ながともゆうと》（インテル・ミラノ、日本代表）、山田大記《やまだひろき》（ジュビロ磐田《いわた》、日本代表）など、毎年多くのJリーガーを輩出しています。

推薦で入部する選手は、高校時代にトップクラスだった選手ばかりです。Jクラブの下部組織に所属していた選手や、名門高校で全国優勝を経験した選手もいます。いっぽう、一般入試を経て入部する選手も毎年数名います。入部初期は当然ながら、レベルは推薦者に比べ格段に落ちます。

しかし、2、3年生になると、どちらが推薦かわからなくなるくらい急成長し、レ

クラブの構造（鹿島アントラーズの場合）

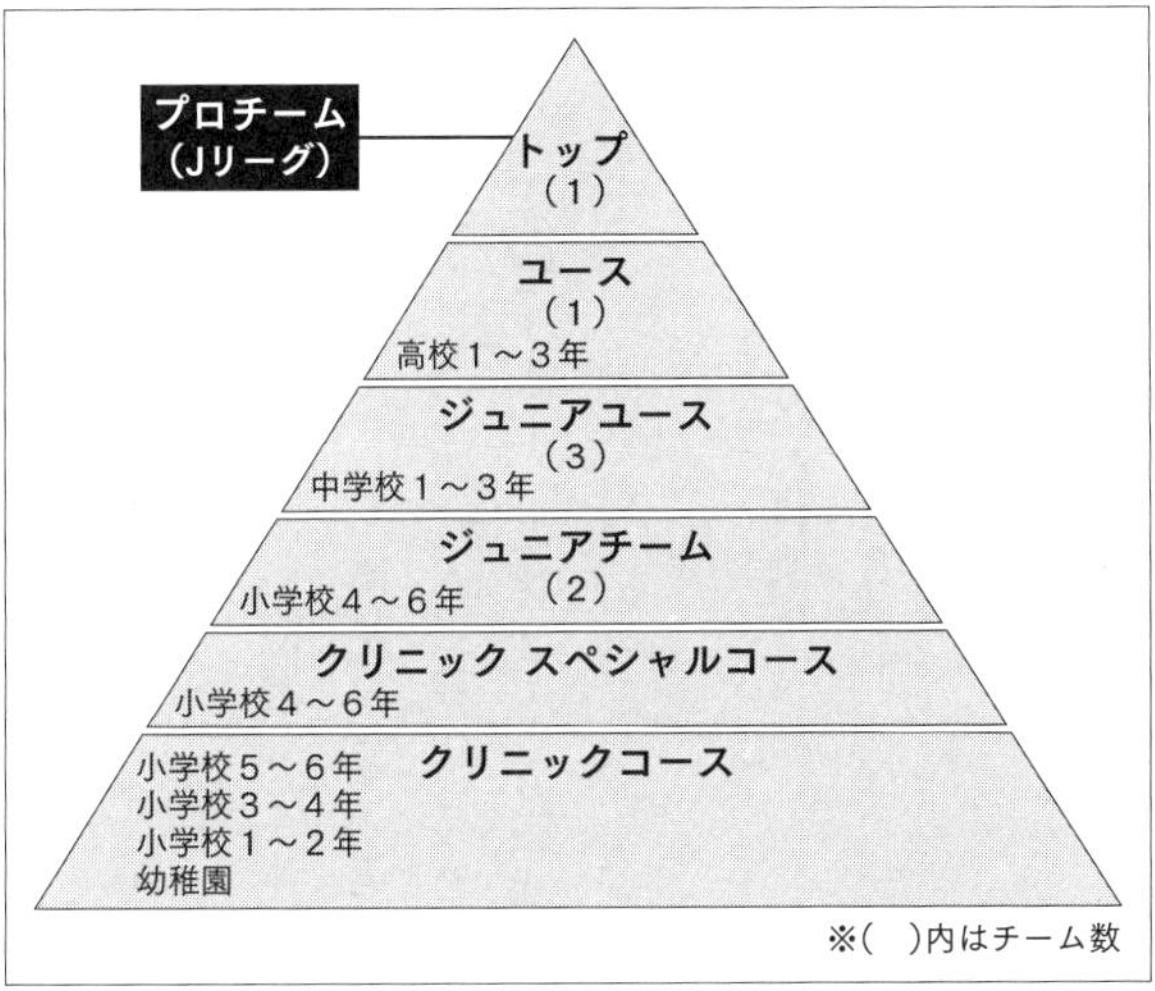

（鹿島アントラーズ 公式サイトより）

ギュラーポジションを獲得する選手も出てきます。一般生で入部してからオリンピック候補になり、今や立派なJリーガーになっている丸山祐市《まるやまゆういち》（湘南ベルマーレ）もそんな選手のひとりです。

一般生の急成長の秘密は、どこにあるのでしょう。

私は、入部時の意識にあると思っています。伸びる選手に共通しているのは、「僕は何も持っていない」からスタートしていること。平たく言えば、「僕はサッカーが下手《へた》ですから」ということです。

なかには、「一般で入ってきた自分は、何ひとつ輝かしい経歴を持っていない。だから一番下からのスタートです」と、はっきりと意思表示をする選手もいます。

このような選手は最強です。なぜなら、すべての選手を「自分より上」と位置づけているわけで、部員全員から吸収できます。私もプロに入りたての頃、天才たちの波に飲まれないために、いつも自分をもっとも低いレベルに設定していました。

これは、どのレベルであれ、通用する考え方だと思います。近年、日本人選手がヨーロッパで活躍するようになりました。彼らの活躍は、日本人の持つ「謙虚さ」と「自信」のバランスがとれていることが大きな要因ではないか、と私は考えています。

チームにおける「裏方《うらかた》」の役割

私は、鹿島アントラーズ在籍時、ブラジルに40日間サッカー留学をしました。最初に驚いたのは、施設が非常に充実していたこと。トレーニング施設には、3面の芝生《しばふ》のグラウンド、選手寮、食事ができるクラブハウスなどがあり、「さすが、サッカー王国ブラジル」とうなずきました。

さらに驚いたのは、そこで働いている人の多さです。芝生の管理、サッカーシューズの管理、選手の体の管理など仕事が分業化され、それぞれのスペシャリストが完璧なまでの仕事をしていました。たとえば、芝生の管理をしている人は１日中、芝生の状態をチェックしています。すこしでも傷《いた》んだ箇所を見つけると、即座に対応し、補修作業に入ります。

その仕事ぶりに「プロの職人だな」と感心しました。日本でも「昔気質《むかしかたぎ》の職人」と言いますが、ブラジルのサッカー環境には、そんな自分の仕事に一家言《いっかげん》持っているような人たちばかりがいました。

プロサッカーリーグ誕生から20年が経過した日本にも、表《おもて》に見える仕事だけではなく、裏方にもプロの職人としてこだわりを持って仕事をしている人たちがいます。

たとえば、Ｊクラブでの仕事のひとつに「スカウティング」があります。ふだん表には出てきませんが、次に対戦する相手チームのデータを集める仕事です。セットプレーは誰が蹴るのか、試合をコントロールしているのは誰か、など数値化できるデータは数字に落とし込み、監督が傾向と対策を考える資料を提供します。

サッカーは数値化しにくいスポーツであり、数値化できたデータは貴重な情報源です。プロのレベルでは、偶然に起こる出来事は少なく、なんらかの意図を持ったプレーになるので、データは重要です。次の試合で、データ通りの展開になるとスカウティングとしては〝してやったり〟です。

このように、サッカーには多くの人が関わっています。ひとつの試合に勝つためには、芝生管理やスカウティングのアシストも必要不可欠なのです。

チームにおける「キーマン」を見つける

私の鹿島アントラーズ時代の不動の10番は、〝サッカーの神様〟ジーコ（元・日本代表監督）でした。そのポジションをどうやって奪うのか。ジーコとポジションが被《かぶ》っていた私は、ジーコにないものを常に探していました。

当時40歳のジーコに勝てるとすれば、運動量くらい。それ以外に、90分間ミスもなく完璧な仕事をやってのけるジーコに対抗する手段を私は持っていませんでした。

追い込まれ、考えついたのは、絶対的なエースのジーコをもっと生かす存在になれば、監督はポジションを変えてでも私を使ってくれるのではないか、ということでした。

それまで、「自分が生きるためにはどうすればいいのか」という発想でしたが、１８０度転換し、「誰かを生かすためには何をすればいいのか」を考え始めました。「では、誰を」と考えた時に、監督がもっとも試合に使いたい選手＝ジーコとなったのです。

この経験が、その後の私の選手生命を長くしてくれたと言っても過言ではありません。Ｊ１では、どのチームにも中心的な役割を担う外国人選手がいます。「その選手たちを押し退《お の》けて」も、ひとつの方法ですが、大きな武器がない私は、「彼らを生かすには」を、どのチームでも考えていました。常に、チームにおける「キーマン」を探したのです。

鹿島アントラーズ時代のジーコもそうでしたが、体力的な面からも、守備に関しては他の選手に任せ、攻撃で力を発揮していました。とすると、ジーコの分も守備ができれば、試合に出場できる可能性は高まります。

ただし、守備だけなら、できる選手はたくさんいます。私は「チームのチャンスを広げるには、ジーコにどれだけ多くのパスを供給できるかだ」と考えたのです。これができれば、ジーコとセットでの出場機会が増えます。

ここに行き着くまでにかなりの時間がかかりましたが、3年目からは徐々に出場機会が増えていきました。

「プレーの幅を広げる」とは、選択肢を増やすこと

サッカーでは、ロングキックを正確に蹴ることができれば、大きな武器になります。そして、ボールを30メートル蹴ることができる選手と40メートル蹴る選手とでは、大きな差が出ます。30メートルしか蹴れない選手は、40メートル先を見ようとしません。その距離まで、正確にボールを蹴ることができないからです。

これは、力（パワー）の差ではなく、プレーの選択肢の差です。プレーエリアが半径10メートル広がれば、プレーの選択肢の数が格段に増えるのです。

さて、今や世界のサッカーを自宅で見ることができます。海外で行なわれる日本代

表の試合も現地からの生放送で見られます。サッカーファンにとっては良い時代になりましたが、選手にとっては、世界のサッカーと自分たちのサッカーが比較されるわけですから、評価は厳しくなりました。

そこに、香川真司《かがわしんじ》（マンチェスター・ユナイテッド、日本代表）が出現しました。香川がイングランドに渡るまでは、日本のプロサッカー選手も一《いち》サッカーファンとして、プレミアリーグを見ていたかもしれません。しかし、その場所が、日本人がプレーする場所へと変わった時に、選手の意識も傍観者から当事者へと変化しました。「うまいな、速いな、強いな」から「今のプレーは、もし自分だったら」へ。

香川の移籍は、日本のプロ選手のイメージ力を確実に上げました。と同時に、プレーのハードルも上げざるを得なくなりました。30メートルの距離を蹴れば十分だと考えていたところから、40メートルを蹴ることがあたりまえのレベルへ、と変わったのです。

「内容」重視か、「結果」重視か

素人《しろうと》から見ると、「なぜ、あの選手が試合に出ているのだろう」という選手がいます。私も、そのひとりだったかもしれません（笑）。

一見《いっけん》わかりやすいシュート、ドリブル、ヘディング……どれも、私は得意ではありませんでした。私の主な仕事は「相手の攻撃の芽を摘《つ》む」ことであり、危険なスペースを消すことです。お気づきでしょうか。どのプレーも、ほとんどボールを持っていない時のプレーです。この作業は、素人目にはかなりわかりづらいのです。

プロサッカーは、お金を払って見に来てくれる観客やスポンサーによって成り立っています。ですから、〝魅《み》せる〟ためにエンターテインメント性は必要です。しかし、「プロは結果がすべて」とも言われます。はたして、どちらを重視すべきでしょうか。

私は、後者だと思います。試合会場に来てくれるサポーターにとって、試合終了のホイッスルを聞いた瞬間の応援チームの勝利こそ、何物にも代えがたい喜びではないでしょうか。たとえ、試合内容が悪かったとしても。

逆に、ものすごくおもしろいサッカーを展開していたけれど負けた場合はどうでしょう。1試合くらいなら、サポーターも次に期待しようと思ってくれるかもしれません。しかし、2試合さすがに3試合ともなると、納得できないはずです。

やはり、プロは何よりも結果にこだわることが最優先です。もっと強い言い方をすれば、結果を出すためにはどんなに厳しく、難しい役割にも徹《てつ》する覚悟が必要です。

サッカーは、11人対11人の計22人で行ないます。そしてボールはひとつです。つまり、21人がボールに触っていないことになります。そう考えると、ほとんどの選手が主役ではなく、黒子《くろこ》に回る時間が長いスポーツと言えるかもしれません。

ボールを持った時だけ、本気になるのでは認められない

サッカーの試合は、守備のポジショニングがほんのすこし、50センチずれただけで失点することがあります。先々のことを予測して、繊細にポジションを取ることが重要です。ここで問題です。

（問題）サッカーの試合で、ひとりの選手がボールに触る時間はどれくらい？

（答え）　わずか3分ほど。

この3分以外の多くの時間（単純計算で87分）、選手はすこしでも良いポジションを取るために、ボールが動くたびに10センチ20センチと移動し、微調整する作業を行なっているのです。

テレビで試合を見ているとなかなか気がつきませんが、サッカーのおもしろさはボールを持っていない選手の動きにあります。

テレビの得点シーンでは、ゴール前の動きがフォーカスされます。しかし、そこまでには三つ先、四つ先の状況を予測して動いていた選手がいます。得点チャンスを演出するために、50メートルを全力疾走する選手もいます。しかし、残念ながら、そのプレーはほとんどテレビに映《うつ》りません。

では、50メートルも走ってきたのだからパスが出てくるのか。いえ、そんな保証はどこにもありません。パスを出すか出さないかという判断は、ボールを持っている選手に主導権があります。

仮に、そんなシーンが試合中に5回あったとします。そのうちの1回が得点に結びつければ、試合に勝つ可能性が高まります。でも、その選手が「どうせパスが来ないから」と思って4回しか走らなかったら、無得点かもしれません。

「もうすこしがんばってみるか」「もう1回だけやってみるか」この、あとすこしをがんばれるかで、結果は大きく変わります。筋力トレーニングと同じで、10回やって「もうダメだー」と思ったところから、さらにもう1回がんばれるかどうかです。たかが1回と思うかもしれませんが、この1回は、その前の10回以上に筋力がつく1回なのです。

チャンスとは、確率の問題です。「あとすこし」「もう1回」が成功のカギです。

「無駄」が明暗を分ける

先頃引退した、〝ゴン中山〟こと中山《なかやま》雅史《まさし》氏（元・ジュビロ磐田、元・日本代表）は、5回チャンスがあれば、まちがいなく5回ともゴール前に飛び込む選手でした。

ストライカーは、いかに相手ゴール前に顔を出すかで得点確率が違ってきます。それでも、ボールが飛んでくるのは1、2回かもしれません。しかし、おもしろいもので、1回さぼった時に限って、絶妙なパスが来るのです。他の走り込みは無駄かもしれません。しかし、この1回が明暗を分けます。

たとえば、相手ゴール前で味方がボールを保持している時、その選択肢はパス、ドリブル、シュートです。この選択肢を作り出すために、味方選手はタイミング、角度、距離を考え、ベストと思う時に動き出します。この時、ボール保持者が選択したプレーがシュートだとしたら、数人の味方選手の動きは無駄だったのでしょうか。いいえ、無駄ではありません。サッカーはレベルが高くなれば、ほんのすこしの動きで、状況はガラッと変わります。そうしなければ、一瞬にしてマークしている選手に置き去りにされます。ですから、この場合は味方が良い動きをしてくれたおかげで、シュートコースが空いたということです。

華麗なプレーでファンを魅了する、スペインのFCバルセロナ（バルサ）。バルサの選手は、あらゆる局面でこの地道な作業を繰り返しています。無駄とも思える動きこそ、バルサの生命線です。バルサに関しては113ページでも触れます。

ストライカーの条件

中山雅史（写真右、当時・ジュビロ磐田）は、積極的でバイタリティあふれるストライカーだった。味方選手からパスを受ける、サンフレッチェ広島在籍時の著者（左）

（写真／Ｊリーグフォト）

ライバルは持つな！

「あの選手には絶対に負けない」「あの選手を追い越す」など、スポーツの世界ではライバルを持つことが良いことのように言われ続けてきました。

私が中学2年生の時、ワールドカップスペイン大会（一九八二年）が開催されました。はじめてテレビで見たジーコ（当時・ブラジル代表の10番）のプレーは、今でも鮮明な映像として記憶に残っています。

「ジーコのようになりたい！」私が最初にモデルとしたのは〝サッカーの神様〟ジーコでした。それ以来、私はジーコのプレーをビデオで見て、ピッチでプレーを再現することを繰り返しました。これは、もちろん「ライバル」ではなく「目標」です。

サッカークリニックなどで、保護者の方に「幼少期にライバルはいましたか」と聞かれることが多いですが、少々とまどいます。なぜなら、特定の選手をライバル視した記憶がないからです。

私は、プロサッカー選手になってから、ライバルの設定をしたためにとんでもない失敗をしたことがあります。

サッカーはゴールキーパーを除き、どのポジションでも、ある程度のオールラウンドな能力が求められます。フォワードの選手がディフェンダーにコンバートされることもあれば、その逆のケースもあります。これは、めずらしいことではなく、よく起こることです。

シーズンが本格的にスタートを切るのは二月頃、その頃になると、同じポジションを争う選手がおおよそ２〜３人に絞られてきます。そうすると、ポジション争いをしている他の選手が気になります。もちろん、相手も意識します。

三月に入り、プレシーズンマッチ（公式戦開幕前に開催される公認練習試合）が行なわれました。その時に抜擢《ばってき》された選手は、なんと予想していた３人からではなく、まったく違うポジションのディフェンダーがコンバートされたのです。この時は、３人ともまったく予想をしておらず、思わず顔を見合わせました。

この出来事は、非常に良い教訓になりました。一言で言うなら「他人と争ったことでの失敗」。

つまり、評価基準を「自分の良し悪し」ではなく、「自分以外の他人（この場合は勝手にライバル視していたふたり）」に置いたことです。それ以来、私は「昨日の自分」と「今日の自分」のように、常に自分自身と競争することを心がけたのです。

なぜ、無名選手を目標にしたか

私には、プロサッカー選手になって以来、ジーコともうひとり、プロフェッショナルとして目標にした選手がいます。それは、二〇一二年までアルビレックス新潟のゴールキーパーとしてプレーした小澤英明《おざわひであき》氏（元・鹿島アントラーズ）です。

彼は地元・茨城県出身で、高校卒業と同時に一九九二年、鹿島アントラーズに入団しました。年齢は違いますが、私と同期です。

彼は入団時、すでに身長が１８０センチ以上あり、さらに伸びていました。ただ、体の線は細く、プロのゴールを守るにはしばらく時間がかかると見られていました。しかし、私は、彼の練習を見ているうちに、もしかしたらすごい選手になるのではないかと感じました。

後述しますが、当時の鹿島アントラーズの練習は、私のサッカー人生のなかで、もっともハードでした。入団当初の走り込みの練習中のこと、彼は全部で10本走るところを5本目でバテていました。残りの5本はダッシュと言えるスピードではありません。私は、「高校を出たばかりで、いきなりプロになって、こんなハードな練習についていくのは厳しいよな」と思っていました。

ところが、数カ月後、5本目でバテていた彼が8本目まで、ものすごいスピードでダッシュしているではないですか。

彼は、決められた10本をこなそうと考えていた私とは違い、１本目から全力を出し切って、何本目までそのスピードが維持できるか、トライしていたのです。限界値を常に上げ続ける彼の姿勢こそ、プロフェッショナルのマインドです。

この出来事は、私にとって、はじめてジーコのプレーを見た時と同じくらいの衝撃でした。この時の気づきがあったからこそ、私は41歳まで現役でいられたと思いますし、今でも彼に感謝しています。

その後、彼にアクシデントが襲《おそ》いかかります。長年悩まされていたケガが改善されず、一九九七年、自《みずか》ら退団をクラブに申し出たのです。

彼には、プロ選手として危機感、あせりがあったと思います。それでも、彼は復帰を信じて日々、リハビリトレーニングに励《はげ》んでいました。そんなひたむきに努力する姿を間近で見ることができ、私にとってプロフェッショナルのモデルとなりました。

一九九八年、彼は現役復帰を賭けて横浜マリノス（現・横浜F・マリノス）に練習生として入団、すぐに活躍が認められ、キャリアをリスタートしました。

二〇一〇年、36歳の時に、所属していた鹿島アントラーズから「ぜひ来年も」と言われながら、念願の海外挑戦のために、南米パラグアイに渡ります。そして、テスト生から契約にたどり着き、1年間パラグアイ（スポルティボ・ルケーニョ）でプレーしました。

ゴールキーパーはフィールドプレーヤーと違い、ひとつだけのポジションです。ポジション争いも厳しいものがあります。彼は、そのポジションで、いつ出番が来るかわからない第2ゴールキーパーとして長年、いつでも試合に出る準備をしていました。

そして、突然の出番が来ると、第1ゴールキーパーとなんら遜色《そんしょく》のない活躍をする。この姿勢こそ、彼が18歳から38歳までプロとして活躍できた大きな要因だと思います。

第3章

最強の練習法

80パーセントの成功率

プロの試合では、ほんの些細《ささい》なミスが命取りになります。たった1本のパスが、その後のサッカー人生を変えることもあります。

私は、練習でできることしか、試合ではできないと考えています。練習でできることの80パーセントでもできればいいほうです。それくらい、試合で力を発揮するのは難しいのです。

サッカーのセットプレーをご存じでしょうか。フリーキックやコーナーキックなど、セットプレーから、サッカーの総得点の約30パーセントが生まれており、勝敗を大きく左右する要素です。

したがって、どのチームでも、次の対戦相手のセットプレーを確認し、どのような守備が必要か、どういった攻撃パターンで相手を攻略するかを練習に落とし込みます。

直接フリーキック、コーナーキックは、キッカーによるキックの精度がカギを握ります。セットプレーのキッカーは、練習で驚くほどの数を蹴り込みます。たとえば、アルシンド（元・鹿島アントラーズ）は練習後に30分以上、黙々と蹴り続けていました。

また、フリーキックを蹴る精度を持った選手は、コーナーキックも蹴るケースが多いので、練習ではコーナーキックは右側と左側から、フリーキックは様々な距離、角度から相当数を蹴り込みます。

練習でのフリーキックを見ていると、考えられないくらいの高い確率でゴールが決まります。しかし、試合では、相手守備はもちろん、自分自身のプレッシャーもあり、そう簡単にゴールは決まりません。

練習で70パーセント決まっていても、試合では50パーセント、つまり２本に１本くらいの確率です。しかも、試合ではフリーキックが２本とも同じ場所ということは確率的には低く、１本目に失敗したから次こそと思っても、また新たに距離感を調整しなければなりません。

シーズン中は、試合にすべての力を出すことは当然です。注意したいのは、練習がおろそかになり、試合のための調整になってしまうこと。練習でできることしか試合ではできないとするならば、必然的に、練習では技術、体力の限界の壁を超える必要があるのです。

試合より厳しかった、鹿島アントラーズの紅白戦

鹿島アントラーズ時代に印象に残っているのは、練習中の紅白戦です。本番さながらの激しいタックルで、負傷するシーンを何度も見ました。もちろん、故意ではなく、正当なチャージによる負傷です。

長谷川《はせがわ》祥之《よしゆき》氏（元・鹿島アントラーズ、元・日本代表）が、試合後に「紅白戦のほうが厳しい」と漏《も》らしていたことを今でも覚えています。それほど、緊迫したなかで練習していたのです。

「練習環境を試合以上に厳しいものにする」これは、指導者として普遍的なテーマです。私も、練習でできないことは試合でもできない、と考えています。

試合会場にはたくさんの観客がいて、アウェーでは相手サポーターからブーイングを浴びせられることもありますし、相手選手もいつもとは違います。このように、練

習以上にプレッシャーのかかる公式戦で、いつも以上の力が出せたとしても、それはラッキーな出来事と、私はとらえています。それは、あくまでイレギュラーであり、計算外の出来事です。

ですから、スターティングメンバーを決める時、たとえ前の試合で途中出場してスーパープレーをしたからといって、よほど何かを変えたい時以外には、すぐに「次はスタメン」というほど甘い世界ではありません。ただ、その選手が〝勝負強い〟ことは確かなので、ここは勝負と思うタイミングで、迷うことなく、その選手を投入します。

サッカーの試合では、残り時間が少なくなると、「スーパーサブ」と言われる選手が途中出場することがあります。チームとしては、その選手の存在は大変心強いものです。

しかし、選手にとって、試合に出るきっかけとしてはいいかもしれませんが、その後は、スターティングメンバーに名を連《つら》ね、90分間ピッチに立ち続けることを目標にすべきです。

たった2時間の全体練習を重視する理由

プロ選手は、ものすごい練習量ではないか――そう思われている方が多いようです。しかし、まったく違います。実は、全体練習は1日2時間程度なのです。ただし、物足りないと感じる選手もいます。

たとえば、朝10時から練習が始まるとします。選手によってバラバラですが、遅くとも30分前の9時30分には、全員が集合します。なかには、膝《ひざ》や足首の古傷を持っている選手もいます。彼らは1時間以上前からクラブハウスへ行き、リハビリを兼ねたウォーミングアップを念入りに行ないます。

ちなみに、一度手術をすると、その後もケアをしないと、どうしても再発への恐怖心があります。プロのトップレベルでプレーしていれば、誰もがなんらかの故障を抱《かか》えつつプレーしています。ケガとどのようにつきあっていくかも、プロとしての資質のひとつです。

このように、各選手がそれぞれのコンディションに合わせてウォーミングアップを行ない、それから全体練習に入ります。全体練習は先述したように2時間ほどで終わり、その後、選手個々の自主トレになります。

私は、全体練習後の自主トレはできるだけやらない、と決めていました。私は器用な選手ではなく、何かひとつに集中しないとどうしても質が落ちてしまいます。ですから「全体練習後も練習ができる」と思うと、気持ちに甘さが出てしまい、プレーに悪影響を及ぼしかねません。

選手によっては、ある局面をフォーカスした個人練習が必要な場合もあります。たとえば、フォワードの選手が、全体練習ではできなかったシュート練習を行なうなど。

しかし、全体練習にすべての力を出し切る意識を忘れてはいけません。プロは何よりも、質を重視するのです。練習後の自主トレはしないと決めることで、１日に２時間しか練習するチャンスはなくなります。私は、この発想で集中力が高まりました。

ミスの幅が、一流と二流を分ける

練習量は普通でも、プロ選手は特別なメニューを行なっているのだろう。こんな想像を前提に、サッカークリニックなどで、保護者の方から「どんなトレーニングをすればいいですか」という質問をよく受けます。

私は、「ぜひ、プロ選手の練習を見に行ってください」とお話しします。なぜなら、いくら「プロ選手も、特別に複雑で難しい練習はしていません」と言っても、信じてもらえないからです。

では、同じような練習でも、プロ選手と子どもたちでは何が違うのでしょうか。もちろん「質」以外に。一言で言えば、それは「ミスの幅」です。何を以《もっ》てミスとするのか、という基準です。

プロ選手は、味方へのパスが5～10センチずれるとミスと見なします。試合では、小さなミスが致命的なミスになることもあります。また、わずかにずれたパスによって、無理な体勢でパスを受けた味方が、相手にタックルされて大ケガをする可能性もあります。それだけ、シビアな世界です。

大学生の練習を見ている時に強く感じたのは、ミスの幅が狭いことです。大学卒業後にプロの世界へ行く選手は、この幅が広いのです。

たとえば、相手ゴール前でA選手がボールを保持、そこへ味方B選手がタイミングよく走り込んできたので、Aがシュートを打ちやすいパスをBに出せれば簡単にシュートが決められる場面。ちなみにBは左利きです。少なくとも、AはBの左足にパスを出せなければミスです。大学生ではトップレベルに位置するような選手でも、このようなミスに関して意識が希薄なことが多いのです。

上達するひとつのコツは、もっとこういうプレーをしていたら、味方が助かったのではないか、と自分のプレーをポジティブに疑ってみることなのです。

スーパープレーは、地味な作業から生まれる

サッカーは「走れる」ことが絶対条件です。走れるとは、最低限90分間走りきる体力を意味します。一言で体力と言っても、俊敏性、持久性、ダッシュ力など様々な要素がサッカーには必要です。体をうまく使うスキルや、走る時のフォームもパフォーマンスに影響します。

このような細かい部分のスキルアップが、全体のパフォーマンスの向上につながり

ます。けっして派手なトレーニングではありません。ものすごく地味な作業の繰り返しです。地味な練習の代表格は、基本練習です。これは、どんなジャンルにも共通でしょう。

日本の伝統芸能には「型《かた》」があります。また「道《どう》」と名がつく剣道、柔道などの武道にも、華道《かどう》や茶道《さどう》にも、型はあります。わが国では、基本や型を古くから大事に受け継いできました。

日本のJリーグは20年しかたっていませんが、ヨーロッパや南米のクラブチームは創立100年を超えるものもめずらしくありません。サッカーの技術は日進月歩《にっしんげっぽ》で進化しています。しかし、今もなお、基本技術である「ボールを止める・蹴る・運ぶ」という要素は、不変です。

プロの試合では様々なスーパープレーが飛び出します。ですが、それらのプレーを可能にするのも基本技術の積み重ねがあってこそ。

たとえば、オーバーヘッドキックという技があります。そのトリッキーで華麗なプレーは、コミックなどでよく描かれます。しかし、実際にこのプレーでゴールを決めたシーンを見たのは、選手生活19年で数回です。あとは、テレビ番組の「世界のゴール特集」で見た程度でしょうか。

では、オーバーヘッドキックでゴールを決めた選手は、いつもその練習をしているのか。おそらく、いや、まちがいなくしていないでしょう。このスーパープレーは、ふだんの練習でしっかりと足をボールに当てるという基本技術を積み重ねているからこそできる技なのです。

常に、「意図」を説明できるように

現在、Ｊリーグ１チームあたりの登録選手は25人以内ですが、Ｊリーグが発足した一九九三年当初は40～50人でした。そのなかからピッチに立てる選手は11人です。単純に計算しても、同じポジションでの倍率は４倍です。

私は、幸運にも大学卒業と同時にＪリーグクラブに入団することができました。大学の４年間、自分自身では高い意識を持っていたつもりでしたが、社会人のトップリーグでプレーしていた選手と比べると、プレーに対する「意識」がまったく違いました。すでにプロとして何年間もプレーしていた本田泰人《ほんだやすと》氏（元・鹿島アントラーズ、元・日本代表）のような選手もおり、差は歴然でした。

それまで漠然とプロ選手になることを目標として、サッカーに取り組んでいましたが、プロ選手と同じピッチに立ってはじめて、「プロの世界」を実感しました。

よく「プロ意識」と言いますが、私は、サッカーでは「ひとつひとつのプレーへのこだわり」だと思います。

具体的には、「なぜ、今そのパスを出したのか」「なぜ、今ドリブルをしたのか」「なぜ、今そこへ動いたのか」という意図です。意図のあるプレーとは、試合展開のなかで、なぜ、そのプレーを選択したかを説明できることです。

めまぐるしく展開の変わるサッカーの試合では、レベルが上がれば上がるほど、選手個々の一挙手一投足《いっきょしゅいっとうそく》に必ず意図があります。いや、なければならないのです。一番してはいけないことは、「なんとなくプレー」することです。

このように考えるようになったのは、ジーコの影響です。ジーコはピッチで、ひとつのパスに対して、そのパスの成功・失敗にかかわらず、パスを出した方向とは違う方向を指差して、「あの選手も見えていたのか」と聞いてきました。

最初は、何を聞かれているのかわかりませんでした。しかし、何回も聞かれるうちに、「違う選択肢もわかっていたのか」という問いかけだと気づきました。「君が選択したパスの意図は何か」ということです。

これは、「そっちはまちがっている」ということではありません。「そのパスに意図はあるのか」というジーコのメッセージだったのです。

１本のパスから、メッセージを受け取る

ジーコと出会ってから、それまで自分の持っていたパスの概念ががらりと変わりました。ジーコのパスに比べれば、自分のパスは、ただのキックではないかと思うほどでした。ジーコのパスには、必ず「次はこうするといいよ」というメッセージがありました。

たとえば、A、Bというふたつのパスコースがあるとします。私は、ゴールに向かうにはAと判断して走り込みます。すると、すこしずれたBにジーコのパスが来ま

す。私は軌道修正してパスを受け、味方もタイミングよく走り込みラストパス、そしてゴール。

ジーコの選択は、最初からBだったのです。そこに走り込んだらゴールに行くためのシナリオはできているよ、というメッセージだったのです。

日本のサッカー界では、一時期「パスはとにかく速く、強く」が流行《はやり》のようになりました。ヨーロッパのトップリーグがテレビで見られるようになったことも影響しているようですが、私には違和感がありました。

確かに、海外のトップリーグでは、速いパスが試合中にピッチを行《ゆ》き交《か》います。しかし、よく見ると、そのなかにゆっくりとしたパスも見られます。

Jリーグの試合と比較すると、パススピードが速いのは事実です。しかし、注意しなければならないのは、パススピードが速い＝レベルが高いと一概に言えないことです。大事なことは、速いパスと遅いパスを状況に応じて使い分けることです。

ですから、速いパスを出せる技術は必要です。そして、実は遅いパスを使えることは高等技術なのです。相手をおびき寄せるパス、味方にスペースへ走り込ませるパス

ジーコの教え

ジーコ（写真下段右）と同じピッチに立ったことは大いに勉強になった。1993 年の鹿島アントラーズ在籍時の著者（下段左）。アルシンド（下段右から 2 番目）、サントス（上段右）、秋《あき》田《た》 豊《ゆたか》（上段左）らも見える　（写真／鹿島アントラーズ）

など、自由に使いこなせるようになると、断然プレーの幅が広がります。

世界のトップ選手は、この強弱・長短の使い分けが絶妙です。

ゴールからの「逆算」で考える

練習メニューを考える時に忘れてはいけないのは、サッカーの目的はゴールだということです。

パスをどれだけ多く回しても、ドリブルで相手を何人かわしても得点にはなりません。パス、ドリブルはあくまでもゴールを奪う一《いち》手段にすぎないのです。サッカーの攻撃は、ピッチ全体105メートル×68メートルをいかに有効に使うかがカギですが、理想は相手ゴールまで最短距離を突き進むことです。

手段が目的に変わる——これは、サッカーでもよく起こります。具体的には、ゴールに向かわずに、局面だけを打開するプレーを指します。これは、点を取る＝試合に勝つ、という目的に向かったプレーではありません。

点を取ることを極限までにシンプル化すれば、味方のゴールキーパーがキャッチして、フォワードにロングパスを送り、そのパスを直接シュートしてゴールが決まる、となります。このように、ほとんど手数をかけずにゴールを奪うことが理想です。なぜなら、ゴールまでボールを運ぶ過程で、パスの本数、ドリブルの回数が増えれば増えるほど、ミスの確率も高まるからです。

試合中に複雑になっているなと思ったら、無駄なプレーが増えていないか注意しましょう。サッカーというスポーツは本来、非常にシンプルなのです。

二〇一三年に行なわれたヨーロッパ最強クラブを決定する、チャンピオンズリーグ決勝戦は、ボルシア・ドルトムント対バイエルン・ミュンヘンのドイツ勢対決になりました。その試合で見せた両者の攻撃は実にシンプルでした。相手からボールを奪い、パスを３〜４本もつなげば、たちまち相手ゴール前に迫り、シュートチャンスまで持ち込んでしまいます。シンプルなプレーでゴールまでボールを運ぶ、お手本のような試合でした。最先端のサッカースタイルを見たような気がしました。

私がここで述べた「シンプル」とは、「単純に」「単調な」ではなく「洗練された」という意味です。プレーの様々な選択肢のなかから、もっとも無駄のない、そして成功率の高いプレーを選択するということです。

ポジションへのこだわりを捨てる

私は現在、選手を起用する立場ですから、試合を見ながらも、サブメンバーの行動も気になります。

サブメンバー自身は、途中出場する時に起用されるポジションがおおよそわかっています。しかし、監督は、あらかじめ起用法を想定しているものの、試合展開によっては、それを変えます。たとえば、右サイドの選手を左サイドに起用したり、ディフェンスの選手をパワープレー（前線にいる選手に長いボールを蹴り込む作戦）に起用することもあります。

ここで、「本来のポジションで活躍しなければ、あまり意味がない」と思う選手は、私の経験上、チャンスをつかむことはできません。

チャンスをつかむ選手は、ベンチにいる時に自分が入るであろうポジションを観察していることはもちろん、試合の流れも把握《はあく》しています。試合の流れがわかれば、突然、いつもと違うポジションに起用されても、自分がどんなプレーをすればいいか、わかります。監督の立場から見ると、こういう選手は非常に使いやすいのです。

よく「ポジションをつかむ」と言いますが、これはある決まったポジションに固執《こしつ》することではありません。試合に出ることがポジションをつかむことです。言い方を変えれば、試合に出るためにはポジションを選ばないということです。

このポイントに気がつける選手は、練習を見ていても「もし自分がこのポジションだったら」ということを常に意識して、練習に取り組んでいます。

「動《どう》」の時間と「静《せい》」の時間

私がプロ生活で努《つと》めて意識したのが、良い休養を取ることです。トレーニングで酷使した肉体を、翌日のトレーニングまでに良い状態に戻すことも、プロの大切な仕事です。回復を先延《さきの》ばしにすれば、皺寄《しわよ》せが行き、結果的にケガにつながります。

また、日々競争にさらされていると、必然的にストレスとの闘いになります。私は、気分転換をはかるポイントを「場（場所）」に置いています。

いつも働いている職場では、読書など、サッカーと違うことをしても、あまりリラックスできません。ピッチの芝生は一面緑で、一見リラックスできそうですが、職業柄、「競技場は戦う場所」と脳に刷り込まれており、リラックスモードになりません。ですので、リラックスしたい時は、意識して競技場を離れました。

さらに、日々の仕事が「動《どう》」なので、意識的に「静《せい》」の時間を作ることでバランスを取るようにしました。私にとって、体を動かし、汗をかいて得られる爽快感は何物にも代えがたい、とはなりません。どうしても、「体を動かす＝仕事」になってしまいます。

私は、「静」の時間を作るために、練習後や遠征先でカフェや神社、お寺に立ち寄ります。特に、何をするわけではありません。むしろ何もしない、何も考えない時間です。よく考えてみると、何もしない、何も考えない状態は、よほど意識しないと確保できません。私たちは、日常生活で携帯電話、インターネット、テレビなど、必要であろうとなかろうと無意識に情報にさらされているのです。

自分が本当に欲しい情報は、自分が探してはじめて身《み》になります。休養も、ただなんとなくではなく、本気でオフモードにスイッチを入れることが必要です。

第4章

モチベーションの維持

いつ、スイッチを入れるか

良い結果を出そうと思ったら、良い準備をすることが大切です。職場（ピッチ）へ行ってはじめて「よーし、今日もがんばるか！」では遅すぎます。

車がいきなりエンジンを回しても無理なように、人間もいきなりレッドゾーンまで回すと壊《こわ》れてしまいます。ピッチへ到着する前に、あらかじめエンジンを温《あたた》めておいて、いつでもトップスピードで走れる準備をしておかなければいけません。

仮に、練習開始が10時とすると、逆算して、朝は何時に起きて食事はいつまでに終わらせて、家を出るのはこのくらい、と計算する必要があります。少なくとも、時間に追われてバタバタと練習場に行くようでは、良い仕事はできません。

よく、オンとオフの切り替えを聞かれますが、75ページでお話ししたように、私は場（場所）で区別していました。自宅は、家族としての役割や顔があり、くつろげる空間でもあります。その空間から1歩外に出た瞬間に、私はスイッチを入れます。

また、試合でのスイッチをオンにするタイミングも決めていました。アウェーでは、前日に入り、翌日が試合なので、自宅を出てからスイッチをオンにしてしまうとさすがに早すぎます（笑）。

清水エスパルス時代には、宿泊ホテルから試合会場への移動は、チームバスがほとんどでした。会場に到着するまでの距離と時間を逆算して、マネージャーがバスのなかで「ロッキーのテーマ」を流していました。これは、けっこうテンション上がります。

そこから、徐々にエンジンを温めるように気持ちを盛り上げていきます。この時点ではスイッチはまだオンになっていません。そして、いよいよ試合前の選手入場、両チームの選手が同時にピッチに入ります。私がスイッチを入れる瞬間は、このピッチに入る１歩目でした。

良い緊張と悪い緊張

「緊張」と言うと、硬くなって力が出せなくなる、と考えがちです。もちろん、過度の緊張はいけません。しかし、私は緊張に関して、ポジティブにとらえています。

私が個人的に行なっている、小学生の街クラブ（Ｊクラブに所属しないクラブ）などのサッカークリニックで質問の時間を設けると、必ず聞かれることがあります。それは「緊張をしないためにはどうしたらいいですか」。

まず、「緊張」の固定観念を変えなければなりません。多くの人が、「緊張状態＝悪い状態」と思っています。確かに、今にも心臓が飛び出しそうな過度の緊張状態は良くありません。しかし、適度な緊張状態はむしろ必要です。

私は、試合に入る前はいつも緊張していました。ほどよい緊張の時もあれば、心臓の音がバクバクと聞こえるほど緊張していた時もあります。私の経験上、ほどよい緊張の時は良い状態のことが多かったようです。

試合までのメンタル面の調整には、かなり気を遣います。この調整具合によって、その日の試合の良し悪しが決まると言っても過言ではありません。それでも、年間に数試合は緊張していない状態、つまり気持ちのエンジンが回っていない時がありました。

「リラックス」と言うと、良い状態のように聞こえますが、試合前に限れば、悪い状態です。この状態で試合に入ると、多かれ少なかれ、試合中にケガをする確率は高くなります。

私は、試合前に妙に落ち着いていて緊張していない時は、あえて試合のイメージをするとか、早めにウォーミングアップを始めるなどして、緊張感を沸《わ》き立たせるようにしました。このまま試合に入ると、すべてのプレーが自分のイメージよりもワンテンポ遅れているように感じてしまうのです。いわゆる〝試合への入りが悪い〟状態です。

ですから試合前、緊張し始めると「やっと来た、この感じ」と、安心したものです。

仕事は、「上手こそ物の好きなれ」で選ぶ

「好きなことを仕事にするには、どうしたらいいですか」と、サッカークリニックの子どもたちからよく聞かれます。また、「好きなことは、どうすれば見つかりますか」と、子どもから大人まで様々な世代から質問されます。

「どうしたらいいのでしょうね」という答えは、意地悪でしょうか。

私がサッカーを始めたのは小学1年生からです。3歳年上の兄がたまたま、街クラブでサッカーをしていたことがきっかけでした。広島県に住んでいましたが、当時の人気のスポーツと言えば断然、野球。しかし、これもたまたまですが、私の育った地域は、古くからサッカーの街として知られていました。

何が言いたいかというと、私がサッカーを始めたのは「縁《えん》」とも言えますが、偶然の要素が強かったのです。しかも、最初から「これはいける」なんて、手応《てごた》えはまったくありませんでした。始めて2、3年過ぎた頃、ようやく「これは他の遊びよりもおもしろい」と感じたくらいです。

もちろん、サッカーが好きか嫌いかと言えば、好きでした。しかし、私のなかでは、サッカーは「大好きなこと」というより「もっとも得意なこと」という位置づけでした。ですから、「好きなことを仕事にする」とは違います。

私は、「好きなもの」は、なかなか見つからないのではないか、それよりも「得意なこと」を見つけるほうが早いのではないかと思います。そして、「好きこそ物の上手なれ」は逆で、「上手こそ物の好きなれ」と勝手に思っています。少なくとも、私はその順序で、プロサッカー選手にたどりつきました。

「不安」と向き合うことが、成長の原動力

日本のプロサッカーの世界では、毎年十一月頃になると、クラブ側から選手に解雇《かいこ》通告が出されます。選手にとって、これほどつらいことはありません。解雇された選手でも、運が良ければ、次に移籍できます。しかし、毎年100人ほどの選手が引退していきます。この世界にいる以上、常に「明日は、わが身」です。

厳しい競争のなかでは、「一生懸命」だけでは生き残れません。必死に体を鍛《きた》え、技術を磨き、考え抜く作業を止めたら、そこで、さよならです。

もしかすると、プロ選手の1年間は、普通の人の人生が何倍も凝縮《ぎょうしゅく》されたものかもしれません。公式戦が開幕するのが毎年三月ですから、選手が結果を出す期間は実質9カ月間です。

ここで、プロの契約更新についてお話しします。Jリーグの規約では、クラブ側は選手に対して、翌シーズンの契約の有無を十一月末までに通達しなければなりませ

ん。サッカーに詳しい方は「あれ？」と思うかもしれません。十一月末と言えば、リーグ戦は終了あるいは残り1試合、そして〝元日決戦〟へ向けて天皇杯が始まる時期です。

ということは、解雇通告を受けて翌年には一緒にプレーできない選手もいる可能性があります。選手にとっては、複雑な気分です。でも、そこはおたがいにプロ、感傷に浸《ひた》ることはありません。

契約更新された選手にとっては、天皇杯から新たなポジション争いが始まります。また、解雇通告された選手にとっては、天皇杯はまたとない〝就職活動の場〟です。

日本のプロサッカーでは、まれに複数年契約もありますが、ほとんどの選手が1年契約です。特に、年齢が上がっていくにつれて、体力的なこともあり、よほどのことがない限り、1年ごとの勝負になります。

プロでやっていくには、毎年このストレスと闘っていかなければなりません。私の友人のなかには、5年間で4回もの解雇通告を受けた強者《つわもの》もいます。肉体よりも、むしろ精神的にタフでないと、やっていけないのがプロの世界なのです。

「他に伸ばせる要素はないか」と考える

「何かあるはず」――サッカーを１ミリでも進化させるために、私がいつも呪文《じゅもん》のように唱えていた言葉です。

選手にとって、毎日練習をしても、自分がどれだけ上達しているかはわかりにくいものです。サッカーのように、評価を数字で表わしにくいスポーツでは、なおさらです。しかし、努力をあきらめたら、進化も成長も止まります。私は、サッカーのために良いこと、自分にプラスになることは、なんでも試しました。

たとえば、「デビッド・ベッカム（元・イングランド代表）が酸素カプセルを使い、ケガから驚異的な回復を見せた」と聞けば、酸素カプセルについて徹底的に調べました。スポーツジムにあるものは２００万円くらいのものですが、ベッカムは当時日本に１、２台しかなかった数千万円の機械を使用していました。

さすがに、ベッカムレベルは使用できませんでしたが多少、形の違うものをいくつか試してみました。こうしたものは、特効薬ではないので、すぐに効果が出るわけではありません。それでも、なんとなく良いという感覚が大切です。

Jリーグが発足すると、それまでとは比べものにならないスピードで、海外から情報が入ってくるようになりました。

私たちの世代は、幼少期から「巨人の星」のごとく、根性論で徹底的に鍛えられたので、海外から入ってきたメンタルトレーニングに対しても、多くの人があまりいい反応を示さなかったように記憶しています。われわれは「とにかく、がんばれ」「練習中は絶対に水を飲むな、体力が落ちる」などと教えられましたから、しかたないかもしれません。

しかし、私は、もしかしたらサッカーがすこしでもうまくなるヒントがあるかもしれないと思い、日本語に翻訳された書籍や専門誌を読んでみました。読むと、新たな〝気づき〟を得られました。

それは、メンタルをいかに「強くするか」ではなく、メンタルをいかに「整《ととの》えるか」です。アスリートの立場では、「整える」という言葉からは、「調整する」など弱い印象を受け、強くなるイメージが連想できません。それを「パフォーマンスの最大限の発揮」という視点で考えたのです。

ハイテンションが常に好結果を生むとは限りません。むしろ、興奮状態よりは平常心、まさに心を整える意識を持つほうが、パフォーマンスを発揮しやすくなります。

これ以来、私は〝食わず嫌い〟せず、まずは一度体験することにしました。

「徹底的にがんばる時期」は不可欠

先述したように、私がプロ選手としてキャリアをスタートしたチームは鹿島アントラーズです。そこでは、故・宮本征勝《みやもとまさかつ》監督のもと、想像を絶する過酷な練習が待ち受けていました。

一九九二年は、リーグ戦がなく、公式戦はナビスコカップと天皇杯だけ、翌年のJリーグ発足へ向けた準備期間のような年でした。この年は、それまでの一生分を走ったのではないかと思えるほど走り込みました。来る日も来る日も、山へ海へと場所やコースを変えながら、鍛えられました。その時の1週間のスケジュールは、次の通りです。

日曜日がオフで、月曜日から金曜日が、すべて午前・午後の2部練習。しかも、メニューは走り込みと筋力トレーニングで、ボールを使うのはほんのすこし。土曜日は午前中だけですが、1時間以上のかなりハードなサーキットトレーニングを行なっていました。このようなスケジュールだったので、オフは、体を休めて回復に充《あ》てるだけで精一杯でした。

ハードトレーニングの甲斐あって、すぐ結果に結びつきました。翌一九九三年、ファーストステージで見事、優勝したのです。下馬評《げばひょう》では、JSL（当時の日本サッカーリーグ）では、唯一の2部リーグに所属していたチーム（住友金属が母体）だったので、優勝どころか、リーグの足を引っ張るのではないか、とまで言われていました。「奇跡の優勝」と言う人もいました。

それから20年がたち、思い出すのは、優勝したことではなく「よく走り込んだな」という思いです。今でも苦しい、難しい出来事に直面した時には、真っ先にあの時を思い出します。そして、「あの時よりは楽だな」と思うのです。私にとっては、20年前に「苦しい時の基準」ができたことが、財産です。

「反省」は、夜ではなく朝に行なう

サッカーは、本当に難しいスポーツです。プロ選手であり続けるためには、周りの「才能」に惑《まど》わされないことが大事です。自分ができることはそんなに多くありません。やるべきことはただひとつ、今持っている自分の才能を磨き続けることです。

みなさんは、1日のなかで数分でも「振り返り」の時間をお持ちでしょうか。自分で意識しないと時間に流され、あっというまに1週間が過ぎ、1カ月が過ぎ、気がつくと数年が経過しています。私もプロになりたての頃、「時間に追われて、そんな時間はない」とごまかし、考えることを避けていました。

しかし、二十代後半になり、周りの選手が解雇通告を受け、引退していく姿を目《ま》の当《あ》たりにして「次は自分か」という思いが日増しに強くなり、危機感を持つようになりました。「自分が考えている目標に本当に近づいているのだろうか」「何か修正することはないか」「何か変えていくことはないか」これらを、毎日考えるようになりました。

目標とは、ただ闇雲《やみくも》に突っ走れば達成できるものではありません。いつのまにか違う方向に走っていた、ということもあります。そんな時、私は飛行機の飛行角度を想像します。飛行機は、その角度がわずか1度ずれただけでも、まったく違う場所、国に行ってしまいます。ですから、早いタイミングでの軌道修正が必要です。

そのために、その日の「振り返り」を夜、数分でも行なう習慣をつけました。

ところが、ある日、疲れていたために、いつもの振り返りを行なう前に眠ってしまいました。それまでせっかく続けてきたのに、と残念でしたが、過ぎてしまったことはしかたありません。朝起きて、トレーニングに向かう車のなかでいつもの振り返りの作業を行ないました。

すると、不思議なことに、同じテーマでありながら、夜よりも朝のほうがポジティブに考えられることに気づいたのです。考えてみれば、朝日を燦々《さんさん》と浴びながらネガティブなことを考えられる人はなかなかいません。まさに、怪我《けが》の功名《こうみよう》でした。

私はもともと朝型の人間でしたから、1日を振り返る作業はその日以来、翌朝の習慣になりました。朝の効用は、これだけではありません。前日の振り返りを生かし、今日1日をどう過ごすのかという目標を決めて、1日がスタートできます。

その日をなんとなく過ごすのか、それとも目的を持って過ごすのかでは、まちがいなく将来、大きな差になります。

「失敗」は、回数券のようなもの

サッカーの得点は1点ずつしか入りません。ですから、ビッグプレーで一瞬にして逆転、ということは起こりません。11人全員で攻撃をして1点を目指し、全員で守備をして失点を防ぐ、ものすごく地道な作業を繰り返すスポーツがサッカーです。

そして、最大限努力しても0対0、いわゆるスコアレスドローの試合が多々あります。この時、おたがいに守備は「成功」したと言えます。

では、攻撃はどうでしょう。これは、スコアが表わすように、すべて「失敗」です。ゴール前でのパスミスなのか、シュートミスなのか、それとも他のミスがあったのか。このように、サッカーというスポーツ、ゴールを決めるまでの作業は、多くの場合、失敗の連続なのです。

選手は、1試合90分間のために1週間の準備期間を費《つい》やします。しかし、用意周到に迎えた本番（試合）で、すべて失敗に終わることもあります。そして、翌週の試合に向けて準備をします。

サッカーのおかげで、私は「失敗への免疫」ができました。そのため、何か新しいことを始める時に、躊躇《ちゅうちょ》なく見切り発車ができます。

私は、直感で「これはおもしろい！」と思ったら、すぐに始めます。サッカーのプレーと同じです。もちろん、失敗もあります。しかし、その失敗は、うまくいかない方法をひとつ発見できたという収穫でもあります。

失敗は回数券のようなもの、と私は考えています。たとえば、10回失敗をすると、1回成功がついてくる、など。つまり、成功の確率を上げるためには、分母（失敗の回数）を大きくしなければいけないのです。

ピンポイントで「これだっ」と思って始めたことが次々とうまくいけばいいですが、そんなことはあり得ません。プロだから失敗は許されない、と考えそうですが、プロは常に、今よりも上のレベルを求められます。

プロだからこそ、できるかできないかのぎりぎりのプレーにチャレンジしなければならないのです。「このくらいで」、と考えた瞬間に、もうプロの思考ではありません。

「プロになりたい！」だけでは、続けられない

プロサッカー選手になるという目標は、大まかな方向性を決める時にはまだしも、実現が目前に迫った時には、プロサッカー選手になってどうしたいのかまで明確にする必要があります。

なぜなら、職業としてのプロサッカー選手は、ほんの短い契約期間しか約束されていないからです。日本では、多くの場合、それは1年間です。

日本では通常、学校を卒業する1年以上前から就職活動、いわゆる〝就活〟で、会社や役所を回り、面接試験などを経て、晴れて就職となります。では、プロサッカー選手になる場合はどうでしょうか。Jリーガーの場合を見てみます。

一般的には、高校生や大学生の時に所属チームで活躍して、Jクラブのスカウトの目に留《と》まり、「ぜひ、うちのクラブへ」と声をかけられる、という流れが王道です。

しかし、すべての選手がこのような形でスムーズにプロサッカー選手になれるわけではありません。なかには、一般企業への就職と同じように、就活をして入団が決まる場合もあります。

たとえば、中澤佑二《なかざわゆうじ》（横浜F・マリノス、元・日本代表）は、ヴェルディ川崎（現・東京ヴェルディ）のテスト入団です。私も、浦和レッドダイヤモンズ、横浜フリューゲルス（現・横浜F・マリノス）、ジェフユナイテッド市原（現・ジェフユナイテッド千葉）、鹿島アントラーズのテスト生を経て、鹿島アントラーズに入団しました。

「就活組」はスカウトから声をかけられず、それでもプロサッカー選手になりたい、強い思いを持った選手です。どこのチームに行きたいなど、選んでいる余裕はありません。手当たり次第、ツテを頼ってテスト参加を受け入れてもらえるチームを探します。そして書類選考があり、ここで多くの選手が落選します。テスト参加にたどりついても、その期間は短くて1日、長くても1週間です。

テスト生から入団できる選手は、ごくわずかです。各チームは、すでに補強する選手をスカウトによって獲得しており、戦力は調《ととの》っています。そこに割って入るのですから、よほど監督が気に入る選手でない限り、入団できません。

本気で「プロサッカー選手になりたい」と考えているならば、まずはスカウトの目に留まる選手になることを目標にしてください。

大事なのは、そうならなかった場合です。どうしてもなりたいという強い気持ちがあるならば、その職業に就《つ》くためにどのような方法があるのか、徹底的に調べておくくらいは最低限しておきましょう。

居心地《いごこち》が良くなったら、危険信号

「慣れ」という言葉は、プロサッカーの世界ではほとんど使わないように思います。常にレベルアップを求められる世界ですから、慣れは「停滞」を意味し、周りのレベルアップを考えれば「後退」かもしれません。これに代わる言葉をあえて言うならば、「なじむ」でしょうか。

一般的には、仕事に慣れる、職場に慣れるなど、どちらかと言えばポジティブに使われることが多いですが、プロ選手には危険信号です。

何度もお話ししましたが、プロ選手は多くの場合、1年勝負です。そこで結果が出せなければ解雇、あるいは引退です。このような世界ですから、何年も先を見て目標を立てることが難しいのも事実です。ただ、「選手生命を1日でも長く」と考えるなら、2年後、3年後の自分のなりたい姿を思い描くことが必要です。

鹿島アントラーズに入団1年目、私は厳しい練習についていくことに必死で、あっというまに終わってしまいました。なんとか翌年の契約に漕《こ》ぎ着け、プロ選手としてはじめてオフ期間を過ごすことになりました。ここでやっと、将来を考える余裕ができました。

鹿島アントラーズでは3年間を過ごし、清水エスパルス、サンフレッチェ広島に移籍しましたが、その移籍は、すべて自分の意志からです。「他のクラブからオファーが来たから、移籍を考えてみるか」ではありません。

私は、ひとつの目安を3年間にしています。1年目は誰もが新鮮です。2年目になると、チームメイトやチームスタッフも、こちらのキャラクターを理解し、自分の居場所ができます（「慣れ」の始まり）。3年目になると、自分も周りもそこにいることがあたりまえになり、違和感のない存在になります。そうなるとプロとしての危機意識が薄れます（「慣れ」そのもの）。

これは私自身の存在（キャラクター）を認めてくれているのであって、私のサッカーを認めていることではありません。居心地がいいとは、プロとしてもっとも危険な状態なのです。

「真剣に楽しむ」選手と「楽しむことが下手な」選手

鹿島アントラーズでは、当時、試合翌日にリラックスも兼ねて「サッカーバレー」をすることがありました。サッカーバレーとはネットを張り、ボールを足で扱う、言わば〝ビーチバレーのサッカー版〟です。この時、誰と組むかが、とても重要です。

なぜなら、ジーコと同じチームになると、勝つことが絶対的に優先されるからです。リラックスして楽しむことなど、とうていできません。ジーコは、勝負に対して遊びも公式戦も関係ありません。すべて本気で勝ちにいくのです！

ジーコは、ジャンケンで負けることも許せません。ジーコが、どちらのコートを選ぶかを決めるジャンケンで負けた選手にキレたことを、今でも覚えています。ですから、ジーコチームでは、ジャンケンのトスをする選手をジャンケンで決めていたほどです。

私は後年、指導者となり、大学生を指導していた時にふと、ジーコの存在を思い出しました。公式戦がしばらくない時や夏と冬に2回、チームではミニゲーム大会が行なわれます。そこには、コーチなどのスタッフも入り、和《なご》やかな雰囲気で楽しみます。

終わったあとのスタッフとの話し合いでは、「楽しむのが下手だよね」という話題になりました。どうも、楽しむことをふざけることと勘違いしている選手が多いのです。でも、私もジーコからそう見られていたかもしれず、責《せ》める気にはなれませんでした。なかには、勝敗にこだわりながら、遊び心を持ち、上手に楽しめている選手もいます。この「真剣に楽しむ」ことができる選手が、やはり上のレベルに行きます。

鹿島アントラーズ時代も、最初はみんな「なぜ、あんなにムキになるの」と思っていましたが、1年、2年が過ぎると、サッカーバレーの質が格段にレベルアップしていることに気づきました。そして、喜ぶ時もみんな本気で喜ぶようになっていました。

なかには、楽しくやっているつもりが、端から見ると「ふざけている」ように映る場合もあります。プロである以上、やはり何かしらの目的を持って取り組むことが必要であることを、ジーコから教わりました。

第5章

本番に強くなる

試合後に眠れなくなるほど、頭を使う

私は試合後に、「よく眠れた」ことがほとんどありません。他の選手に聞いても、おおむねそのようです。

おもしろいことに、試合後に自宅に帰って読書などをすると、いつもの倍のペースで本が読めてしまいます。それくらい、頭のなかでは高速回転が続いているのです。これは、試合を終えてもアドレナリンが出続けていることが原因だと思います。90分間の頭脳戦で酷使した脳を、クールダウンする時間が必要なのです。

試合中の前半45分間と後半45分間、思考を停止する時間はいっさいありません。試合前のウォーミングアップから換算すると3時間近く、その日の試合で起こるであろう展開をシミュレーションし続けています。

この頭の使い方は、ふだんの生活ではちょっとたとえることができない、非日常的なものです。よくスーパーコンピューターが高速計算で世界ナンバーワンなどと話題になりますが、もっと複雑な高速計算をサッカー選手は試合中に頭のなかで行なっています。

もっともやっかいな計算要素は「編集」です。決まりきったいくつかの要素を加減乗除するならいいのですが、あるひとつの場面を切り取って予測をする場合、計算する要素の数自体が変化していきます。

わかりやすく言うと、まったく同じ場面でも、ボールを保持している選手が右足でボールを持っている状態から左足にボールを持ち替えた瞬間にその場面での計算式はゼロからリセットします。計算のやり直しです。その選手が右利きなのか、それとも左利きなのかだけでも、プレーの選択肢がガラッと変わるのです。

このような高速計算を、試合の間ずっと続けているわけですから、試合が終わってすぐに頭のなかがリラックスすることはありません。

私は指導者として選手に、今日の試合は頭と体でどちらがより疲れたのか、と聞いています。それが体だったら、まだまだ試合中に頭が使えていない証拠です。

しかし、私はこのような頭の状態が嫌いではありませんでした。せっかくなので本を読んだり、映画を見たりして、いつもの倍以上のスピードで物事が進むような感覚を味わっていました。

脳の高速状態を0から1に上げるには、かなりのエネルギーを要します。ですが、すでに動いている状態から加速させることは、そんなに大変な作業ではありません。

私は、仕事が忙しく「眠れない」「頭が冴《さ》えている」時は、時間や生活リズムにこだわることなく、〝スーパーコンピューター〟を有効に使っています。

「つぶやき」の効用

ロナウジーニョ(ベジクタシュ、ブラジル代表)は、見ている人を楽しませてくれる典型的な選手です。テレビの画面からも、彼が楽しみながらプレーしている姿が伝わります。

私も、彼のように、楽しみながらプレーしたいとは思っていましたが、90分間全力で走り回る試合中は、常に酸欠状態で、とても楽しむ余裕はありませんでした。

それでも、なんとか気持ちに余裕を持つために、私は自分で試合を解説しながらプレーしていました。もちろん、心のなかだけです。敵味方に関係なく、「今のパス、うまかったな」「ゴールキーパー、よくはじいたな」と独《ひと》り言《ごと》のようにブツブツつぶやくのです。この「つぶやき」には、目的がありました。

ひとつは、自分が見ている状況を再確認するためです。プレー中、呼吸が激しくなってあまり酸素が回らない状態では、状況把握がぼやけている時があります。そんな時につぶやくことで、再度、その状況を自分自身に問いかけ、確認するのです。

もうひとつは、コーチング（指示）のアイドリングのためです。厳しい状況下では、自分のプレーをすることだけで精一杯で、他の選手にコーチングをする余裕がありません。そこで、いつもつぶやいておき、その延長として大きな声でしゃべればコーチングになるというわけです。

テレビで、試合中の選手の顔を見ると、鬼の形相《ぎょうそう》でピッチを駆け回っていますが、表情だけでは、その選手が考えていることを読み取れません。ぜひ、試合会場に足を運び、選手それぞれの表情をよく見てください。なかには、私のようにブツブツつぶやいている選手もいるはずです（笑）。

サッカーでは、状況を的確に把握することが勝敗を分ける大きなカギとなります。「苦しい時こそ客観視」これは、私がプレーする時にいつも心がけていたことです。

自分のプレーに集中しつつも、どこか気持ちの片隅で相手の良いプレーも賞賛できる余裕を持ちたいものです。

ストイコビッチの「先を読む力」

これまで、Jリーグには数々の外国人選手がやってきました。そのなかでも、私が特に印象に残っている選手は、同じチームでプレーしたジーコと〝ピクシー〟ことドラガン・ストイコビッチ（元・名古屋グランパス）です。

このふたりは、ピッチでプレーした選手のなかで、他のすばらしい外国人と比較しても別格の存在でした。

ストイコビッチは、一九九〇年のワールドカップイタリア大会で、イビチャ・オシム（元・日本代表監督）率《ひき》いる旧ユーゴスラビアの背番号10を背負い大活躍、ヨーロッパでも数々のタイトルを獲得するなど、一時代を築いた選手です。すでに日本でもおなじみでしたが、そのプレーは、私にとってジーコと同じくらい衝撃でした。

ストイコビッチと対戦する時は、そのポジションがら、私がマークを担当することがよくありました。対戦チームにとって、ストイコビッチは〝要注意人物〟ですから、徹底マークをされ続けてきたはずです。それでも、あれだけのスーパープレーを日本で見せてくれました。なぜ、それが可能だったのでしょうか。

ストイコビッチがプレーする試合を客観的に見た人のなかには、「なんでピクシーをフリーにするのか」と思った人もいるでしょう。もちろん、こちらはいつも目を光らせマークしているつもりでした。それでも、彼は1試合に数回は確実に決定的な仕事をします。

一言で言うと、ポジショニングが絶妙なのです。どこかのタイミングで、マークをしている選手からフッと消える時があります。正確には、視界から消える瞬間です。

選手は、相手以外にもボール、味方、相手ゴール、自陣のゴールの位置をいつも気にしてプレーしています。一遍にすべて見ることができればいいですが、そうはいきません。そのマークしている選手が一瞬目を離した隙《すき》に、ストイコビッチはフッと消えるのです。そして、フリーの状態でボールを受けます。この一連の動作は、ジーコも行なっていました。

こうして言葉にすると簡単なようですが、マークについている選手もプロですから、そう簡単にマークを外してはくれません。

これは、世界のトップ選手との差と言ってもいいかもしれません。その差は「先を読む力」です。私が3手先を読んで行動を起こすのに対し、このふたりは5手も6手も先を読み、ポジション取りができるということです。超一流ならではの高等技術なのです。

香川《かがわ》真司《しんじ》と柿谷《かきたに》曜一朗《よういちろう》の「つくり」の技術

香川（マンチェスター・ユナイテッド）がイングランドへ渡り、2年目のシーズンを迎えました。世界屈指のフィジカルコンタクトが激しいプレミアリーグで、体の小さい香川は、どのようなプレースタイルで活躍しているのでしょうか。

香川がプレーする姿を私たちは多くの場合、テレビで観戦していますが、香川が画面に映る時は、パスを受けるひとつ前の動きとパスを受けてプレーするシーンが多いと思います。つまり、2プレーしか見られません。

しかし、実際には、ボールを受けた時点のプレーは「仕上げ」の状況です。香川の長所は、実はそれまでの「つくり」にあります。

香川は、味方がボールを保持している間、ポジショニングの微調整を行なっています。ボールの位置と味方の位置、敵の位置を観察しながら、常に空いたスペースを探しているのです。そして、その空いたスペースをいつ使うのかを常に計算して動いています。これが「つくり」です。

「つくり」のうまい香川は、いつも良い状態でボールを受けています。つまり、相手ゴールに正対《せいたい》してボールを受けることが多いのです。これは、香川のプレーの生命線でもあります。なぜなら、相手を背負った状態や、すぐにプレッシャーをかけられる場所でパスを受けると、必然的に相手とのコンタクトプレーの回数も増えます。それでは、小さな香川がいくら鍛えても、ケガをするリスクは高まります。

ですから、香川は、相手とまともに当たらない工夫をしているということです。このプレースタイルは、今後の日本人選手にとって、大きなヒントになると思います。

柿谷曜一朗（セレッソ大阪、日本代表）も「つくり」のうまい選手のひとりです。

彼はポジションがフォワードということもあり、相手を背負った状態でボールを受ける場面が多いですが、その時のプレーは実にシンプルです。相手ディフェンスが寄せていることがわかっているため、ほとんどの場合、ワンタッチで味方選手にパスをします。

フォワードの選手は、何よりも点を取ることが仕事です。そのためには、いかに相手ゴール近くで〝仕事〟をするかがカギになります。しかし、相手もゴールを奪われないように必死で守るわけですから、得点を取るためのスペースはなかなか空けてくれません。

では、柿谷はシュートを打つためのわずかなスペースをどのように作るのか。

それは、もっともパスを受けたい場所、得点できる場所をあえて〝取っておく〟のです。取っておくとは、早くそのポジションに入りたい気持ちを我慢すること。そして、ボールを持っている味方選手の状況を見て、「今だ！」というタイミングで、一気にトップスピードにギアチェンジをして、そのポジションに走り込むのです。

柿谷のボールコントロールやシュートセンスなどの評価はマスコミなどで取り上げ

られている通りだと思います。さらに私が付け加えたいのは、突出したストロングポイントの「つくり」です。

レベルが上がると、すでに勝負は、準備段階で決まっているものなのです。

一流選手は、「鳥の目」で見る

いい選手は、俯瞰《ふかん》（鳥の目）で試合全体を見ています。今いる自分の場所やピッチ全体の状況を踏まえて、次の行動をとります。そして同時に、その局面を打開する策も考えています。この時、大事なことは、局面の打開がすべてではいけないということ。相手ゴールへボールを運ぶための最善策を考えなければなりません。

一流選手は、ピッチで２次元の視点ではなく、３次元の立体的視野でプレーしています。たとえるなら、将棋盤の上から全体を見渡して、駒を動かす感じです。

たとえば、ゴロのパスを出す場合は平面のイメージだけでもいいですが、ロングパスの場合、味方の走るスピード、敵の位置、さらには天候（雨・風）などを計算してパスを出す必要があります。もちろんパスの受け手も、相手ディフェンダーも３次元のイメージを持っていなければ、距離感がつかめず、どこにボールが落ちてくるのか、目測を誤ってしまいます。

物事を俯瞰する——まさに、サッカーを3次元でプレーするということです。とは言っても、すぐにはできません。

私は、選手がスランプに陥った時に、いきなり「3次元で物事をとらえてみろ」と言っても難しいので、視点をすこしずらして見るという意味で、「指導者だったらこの場合、どういったコーチングをするか」という問いかけをします。選手自身が教える立場になって、考えてもらうのです。

プレーがうまくいっていない選手のひとつの特徴は、視点が常に自分のプレー中心になることです。ですから、最初のステップは、視点を変えて自分のプレーを「指導者の眼」で分析してもらいます。

最初の段階では、自分がプレーする時に全体を見ることは難しいので、まず、他の選手がプレーしている状況を見て「鳥の目」でプレーしているかどうかを判断してもらいます。すると、徐々に、それまでの視点「自分のプレーから全体へ」が「全体から自分のプレーへ」と変わります。

そうなってくると、ゴールへ向かうために今、自分は何をすべきかという視点（鳥の目）にすこしずつ変わっていきます。

周囲の心理を読める人に、パスは集まる

多くのサッカーファンを惹《ひ》きつけるFCバルセロナ（バルサ）。正確無比なパスを小気味《こきみ》よいテンポでつなぎ、対戦相手はどこでボールを奪ったらいいのかさえ、しぼりきれない。

長いサッカーの歴史のなかで、様々なスタイルが生まれ、変化してきました。そして、一世を風靡《ふうび》する強いクラブが、時代と共にいくつも誕生しました。そのなかにあって、FCバルセロナは、時間の流れが速いサッカー界で長らく、一時代を築いてきました。今後も、しばらくは注目されるクラブであることにまちがいありません。

ここ数年、バルサの活躍が、特に日本でクローズアップされているひとつの理由は、バルサの選手の体のサイズが日本人選手に近いことにあると思います。国際試合

で、常に体格差に悩まされる日本人のお手本となりうるのです。

もうひとつの理由は、ゴロのパスを多用することです。ゴロのパスには、背の高さは関係ありません。また、コンタクトプレーが少ないこともバルサの特徴です。

つまりバルサのサッカーは、日本人にあったサッカースタイルではないか、ということです。

しかし、バルサのパスサッカーは非常に高度な技術を要します。ボールを持っている選手に対しての①サポートの位置、②タイミング、③距離感。少なくともこの3点をバルサの選手は的確に計算して動いています。逆に、これらの要素がひとつでも欠けると、パスは成立しません。

サッカーの主導権は、ボール保持者にあります。ですから、パスを受けたいと思ったら、ボール保持者に対して、どこに、いつ動くとパスを出しやすいのかを考える必要があります。数ある選択肢から自分を選んでもらうためには、工夫が必要です。

大事なことは「自分がここでパスを受けたい」ではなく、「ここにパスを出したいのだろうな」という出し手の心理を受け手が読むことです。

特徴や性格まで知った時、敵の心理を読み取れる

サッカーの試合は心理戦です。両チーム共に、次に起こりそうな展開を予測しなければなりません。そのためには、マークしている選手のプレーの特徴を知ることはもちろん、その性格まで探る必要があります。

私は、現役時代、マークしている選手と正対した時には、相手の顔を見ていました。幼少期からサッカーを始めて、ディフェンスで1対1の時は、「しっかりボールを見なさい」と教えられてきました。私も、ボールをまったく見ないわけではありませんが、ボールだけに集中すると視野がかなり限定されるのです。

このような状況で私が考えていたことは、相手が次に何をしようとしているか、何がしたいのか。つまり、相手の心理を探る、読むことです。もちろん、状況の変化にともない、相手の心理が変わることも頭に入れておくべきです。

たとえば、1対0でこちらがリードしている時、通常ならパスを回して様子を見る状況でも、「できるだけ早い時間に1点を返しておきたい」という相手心理からは、積極的にしかけてくることも考えておかなければなりません。

また、相手選手の性格によってもプレーの選択は変わってきます。特に、ストライカーには注意が必要です。サイドでボールを持っている時に、普通は、どこにクロス（パス）を出してくるのか、と予測しますが、ストライカーの優先順位はシュートです。そこを考えずに正対すると、意表を突いたシュートで失点ということにもなりかねません。

スコア、残り時間、相手選手がボールを持っている位置、相手選手の性格（積極的で無理にでもシュートを打つタイプか、お膳立てのアシストを狙うタイプか）などで、守備のやり方がまったく変わってきます。

敵のリズムを失わせることで、リズムをつかめる

「敵の良さを消す」ことも、サッカーの戦術のひとつです。よほどの力を持っていないと、「自分たちの戦い方」だけで勝ち続けるのは難しいです。

サッカーの試合では、時々〝番狂わせ〟が起きます。二〇一二年の天皇杯のこと。われわれ横河武蔵野《よこがわむさしの》FC（JFL）は、2回戦でFC東京（J1）と対戦することに

リーグ構造

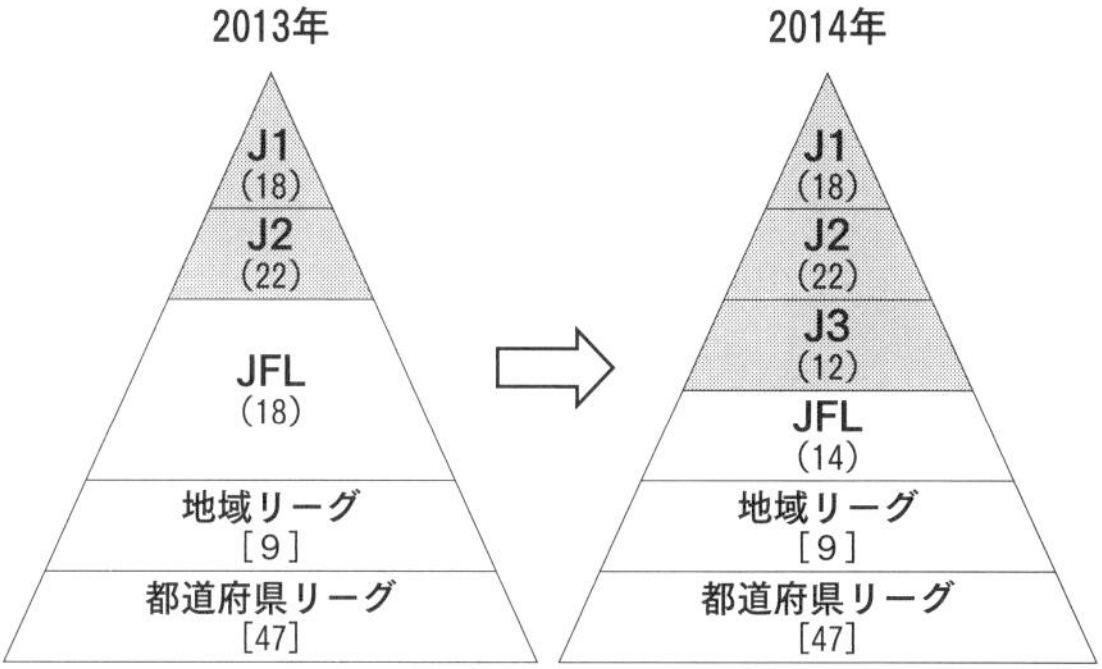

※　　はプロリーグ(Jリーグ)、それ以外はアマチュアリーグ
※(　)内はチーム数、[　]内はリーグ数(いずれも2014年1月時点)

なりました。もちろん、2カテゴリーも上位であるFC東京が有利なことは、誰の目にも明らかです。

この試合、横河武蔵野FCは、徹底的に守備を固めました。おそらく、相手もそれは予想したでしょうが、前半が終了して0対0のスコアは想定外だったと思います。

後半立ち上がり、相手はさっそく攻撃的な選手を投入してきましたが、横河武蔵野ディフェンスは、バランスを保ち、シュートにまで持ち込ませません。時間は刻々と過ぎていきます。相手はさらにあせり、強引なパスが増えてきました。

この展開は、端から見ると一方的にわれ

われが攻められ、非常に苦しい状況のように見えますが、ピッチに立っている選手からすれば、相手の攻撃に対して、守り慣れてきた状態なのです。試合開始当初は、さすがにJ1との差がある、と誰もが感じました。しかし、10分、20分と経過するうちに、慣れてくるのです。人間の順応性は、すばらしく高いのです。

後半90分を回り、延長戦に突入か、と思われたロスタイム。相手ゴールからかなり遠い位置でしたが、こちらにフリーキックが与えられました。大きな弧《こ》を描いたボールが、相手ゴールに吸い込まれるように、ゴールキーパーの手をかすめながら、ネットに突き刺さります。この劇的なゴールによって、横河武蔵野FCは大金星を挙げました。

勝因は、相手が終始、主導権を握りながらも、最後までリズムをつかめなかったことです。こちらから見れば、主導権は握られていましたが、最後までこちらのリズムを守ったということです。

静止画ではなく、動画でとらえる

サッカーの試合は、前半45分・後半45分の計90分の映画のようなものです。ただし、停止ボタンを押していいのはハーフタイムの1回だけ。

選手の頭は、プロジェクター兼パソコンの役割です。頭のなかで場面、場面を切り取り、様々に想定される場面どうしをつなぎ合わせて、編集作業を行ないます。同時に、再生作業（プレー）は、途切れることなく続けなければなりません。さらに、プレーしながら、状況が変化するたびに編集作業を入れていきます。

編集作業が難しいのは、「これが正解」という〝落としどころ〟がないことです。ですから、チームのひとりひとりが、いつも同じ方向性を持って編集作業をしているとは限りません。ポジションが違えば、同じ状況でもとらえ方は異なります。

では、試合中に編集作業がうまくいくのは、どういう時でしょう。私は「絵を合わせる」という表現をします。各人の頭で描いている映像を合わせるということです。

たとえば、相手ゴール前で、数人の選手がうまく絡《から》んだ見事なパスワークで得点を決めた時、これはみんなの「映像が一致した」ということです。サッカーのおもしろさ、醍醐味《だいごみ》のひとつでもあります。

もちろん、チームメイトとの映像が合わないこともたびたび起こります。この時に大切なことは、映像が合っていないことにいつ気がつくのか、ということです。素人目には、なかなか気がつかないことが多いのですが、実は、編集作業した映像が合っていないままプレーしても、あるタイミングで気がつきます。そこから急遽《きゅうきょ》、編集作業を再度行ない、場面設定を作り直します。

この〝あるタイミング〟が、レベルの違いと言ってもいいかもしれません。一番レベルが低いのは、映像が合っていないことさえ気づかない状態。次が、実行する瞬間に気づくが、やり直せずそのまま続ける。ハイレベルになると、実行のかなり前に、空気を読み取るというか、周りの動きの異変を察知して、すぐさまやり直し作業に入ります。

サッカーは、映像（イメージ）と実行（プレー）をどのようにつなぎ合わせて1本の映画（90分）を作るのかということです。映画と違うのは、エンディングが用意されていないことです。

後ろの声は神の声

11人の選手が、ピッチでベクトルを合わせる作業はどのように行なわれるのでしょうか。選手は日頃から練習しており、他の選手の動き方について大まかに理解しています。

ただし、相手がいることゆえ、突発的なアクシデントはつきものです。そんな時こそ、選手間のコーチングが重要になります。前後左右の選手と連携をとり、未然にピンチを防ぐことが大切です。

選手は試合中、３６０度注意を払わなければなりません。しかし、ボールが前にあれば、後ろにいる選手をずっと見ているわけにはいきません。どうしても、前方に意識が行ってしまいます。そんな時、後ろからの声は非常に助かります。サッカー界では「後ろの声は神の声」と言います。それほど、周りからの声で助けられるということです。

サッカーは、ご承知のようにチームスポーツです。チームスポーツである以上、コミュニケーションは欠かせません。自分がどういうプレーをしたいのか。味方にどうしてほしいのか。常に意思の疎通を図《はか》らなければなりません。

サッカーのうまいプレーヤー、たとえば、二〇一三年のFIFAコンフェデレーションズカップブラジルで大活躍したネイマール（FCバルセロナ、ブラジル代表）がすばらしいスルーパスを味方に通した時などに、解説者が「ネイマールはいつ味方の位置を見ていたのでしょう。後ろに目が付いているようですね」という表現をすることがあります。

もちろん、ネイマールほどの選手であれば、パスが来る前に周りをよく見ているはずで、味方や敵の位置を把握したうえでのプレーです。ただ、この時、他の選手から「敵が来ている！」「俺がフリーだ、パスを出せ」などの声も、同時にあったはずです。

私にも経験がありますが、試合会場に4万人以上の観客がいると、ほんの数メートル先にいる味方の声が聞き取れないことがあります。大事なことは、同じ内容のメッセージを伝えるにしても、どんな方法で伝えるのかということです。大きな声でのコーチングなのか、身振り手振りのジェスチャーなのか、あるいは選手が一瞬顔を上げた時にアイコンタクトで伝えるのか、この判断をまちがうと選手にはまったく伝わりません。

コミュニケーションやコーチングのポイントは、しっかりと状況判断をしたうえで、いつ、何で、どのように、伝えるかがカギです。

相手と一緒に動くようでは遅い

私は、プロ選手のなかでは体も小さく、足も速いほうではありませんでした。サッカーが、よーいドンでいっせいにスタートする陸上競技のようなルールだったら、私はまちがいなく普通以下の選手でした。

サッカーは、スタートの合図もなければ、どのコースを走りなさい、というルールもありません。誰がいつどこに走ろうと自由です。

私がいつも考えていたことは、「人と当たらないこと」でした。強靭《きょうじん》な肉体を持った外国人や足の速い選手と競《せ》り合っても勝てるわけがありません。ですから、ボールの出所を予測して、相手選手より１歩でも、半歩でも先にボールに到達するように意識していました。

私が現役時代、もっとも多く担当したポジションがボランチです。ボランチは守備的ミッドフィールダーとも言われますが、ポルトガル語では「舵《かじ》を取る人」を意味します。私には、舵を取る技量はなかったので、守備的ミッドフィールダーの役割でした。このポジションは、どのような相手選手とマッチアップをするかというとナンバー10、つまりエースです。

Ｊ１で対戦する相手はほとんどが外国人でした。二〇一二年のＦＩＦＡクラブワールドカップの優勝チーム、コリンチャンス（ブラジル）のメンバー、エメルソン・シエイキ（当時・浦和レッズ）やパトリック・エムボマ（当時・ガンバ大阪）など、数々の怪物のような選手がいました。

そのような選手とまともにぶつかるのは、50ＣＣのスクーターとダンプカーがぶつかるようなもの。私には、とうてい勝ち目はありません。

ですから、私のプレーは基本的にフライングです。同じ目的地（ボール）に向かって走り出すことはもちろん、スタートでどれだけ相手との差をつけられるかが勝負でした。すこし速いくらいでは、彼らのスピードでは、すぐに追いつかれてしまいます。そして、まともにぶつかったら最後、軽くはじき飛ばされてしまいます。

そんな私にとってフライングは当然で、どのコースを取ると最短で行けるのかも意識していました。

反射的にできた時、「身についた」と言える

「ゴール前に飛び込んで、うまく角度を変えましたね」こんなゴールが時々あります。これは、瞬時にゴールキーパーのいないほうに〝反射的に〟蹴り込んで決めたスーパーゴールです。

世界のトッププロ、たとえばイブラヒモビッチ（パリ・サンジェルマン、スウェーデン代表）のレベルになると、プロの眼から見ても「あんなすごい技があるんだ」と感心させられます。しかし、試合のプレーのほとんどが特別新しい技ではありません。「うまい！」と思わず叫びたくなる時は、正確性、タイミング、スピードなどの要素が高いレベルで発揮された時です。

私がサッカークリニックに行くと、「新しい技を教えてください」とよく言われます。しかし、ひとつのことを極めようと思ったら、基本練習を反復する作業は欠かせません。また、「上達するコツは」と聞かれれば、「プレーの正確性を向上させて、よりスピーディーにプレーすること」と答えます。

「プレーの正確性」とは、環境、状況、相手など、どのような状態でも良い仕事ができるということです。「よりスピーディーに」とは、スピードを上げることによるプレッシャーのなかでも、正確な仕事ができるということです。また、これらの要素にプラスして、それを「いつやるのか」というタイミングも大事です。

成長とは、新しい技を身につけることと思いがちです。しかし、広く浅く身につけた技術は、実際の試合では通用しません。「ここ！」というタイミングの時に、体が勝手に反応するまでひとつの技を追求して、はじめて定着したと言えます。

ただし、どんな技にも「これでよし」というレベルはありません。追求していけばいくほど深いものがあります。ですから、ひとつの物事を長く続けていきたいと思ったら、基本技術という土台をいかにして頑丈《がんじょう》なものに築いていくかがポイントになります。

同じことを繰り返す作業は、大変です。忍耐も必要です。しかし、私が見てきた長いキャリアを持つプロサッカー選手は例外なく、この地道な作業を繰り返していました。

チームメイトとの「距離感」を意識

チームスポーツでは、味方との「距離感」が非常に重要です。距離感とは、状況に合わせた味方どうしの距離です。ですから、ボールの位置がすこしでも動けば、その距離を縮めたり広げたりしなければなりません。

守備において、この距離感のずれが起きると、たちまち、そこを相手の攻撃陣につけ込まれ、失点してしまいます。攻撃時には、パスやドリブルを駆使しますが、それは相手守備陣の選手間の距離感を崩す作業と言ってもいいと思います。

何度も述べているように、攻撃の目的はゴールを奪うこと。反対に、守備の目的はゴールを奪われないことです。ということは、守備も、ゴールからの逆算をしなければばなりません。そう考えると、状況によって、相手に侵入されたくないエリアや、パスを通させたくないコースが出てきます。

では、守備陣にとって危険なエリアをどのように守るのか。

まず、自分がマークしている相手がドリブルを得意としているのか、スピードがあるのか、その特徴によって、相手との距離感を考える必要があります。たとえば、ドリブルの得意な選手への対処法は主にふたつあります。

ひとつはその選手にボールを触らせないこと。これは高等技術です。かなり近い距離で相手をマークするわけで、一歩まちがえれば、自分の背後をとられます。これは、マークする際にもっともしてはいけないことです。

もうひとつは、相手にボールを持たれた場合に、不用意に飛び込まず、抜き去られない程度にじっくりと対応することです。

私は選手に指導する時、あらゆる練習において「距離感」という言葉を使います。難しいのは、「距離」ではなく「距離感」だということ。5センチ右とか、5メートル前へ、など決まった距離を移動しなさいということではありません。

これは、「スピード感」にも言えるのですが、サッカーではパスの強弱が非常に重要です。時には、パススピードひとつで得点に結びつくこともあります。逆に、パススピードが遅くて相手にボールを奪われ、失点ということもあります。

このふたつの言葉・能力には共通することがあります。それは、常に微調整し続けないといけないということです。ほんの一瞬とか、ほんの５センチという超繊細な世界です。

視点のずれを補《おぎな》う「すり合わせ」

私とサッカーを始めたばかりの少年とでは、たとえば、同じ試合を見ても、「視点（見方）」「理解（とらえ方）」「発想（考え方）」がまったく違います。実は、選手間でもポジションや経験値から違いが現われます。

サッカーというスポーツは、ゴールキーパーを含めた11人が１０５メートル×68メートルのピッチのどこに動いても自由です。ところが、「自由にしていいよ」と言われると、案外難しいものです。野球のように、打ったら１塁へ走るなどという決まりはありません。３塁へ突然走るのもありです。

「ゴールキーパーが攻撃の起点」と言うと、「？」と思うかもしれませんが、ピッチの11人は、常に攻撃の起点にも、守備の起点にもなります。選手は、「味方がボールを持っているから、攻撃だけを考える」ではダメなのです。いつどんな時もリスクマネージメントをして、もしボールが相手に渡ってしまったら、を考えておく必要があります。

読者のなかには、ゴールキーパーが味方のコーナーキックの際に相手ゴール前まで上がっていく光景を見た方もいるでしょう。後半のロスタイム残り時間わずかという場面で、なんとかして得点を奪わなければいけない場面では、あえてこのようなリスクを冒《おか》すこともあります。

また、退場者を出した場合は、10人で残りの時間を戦わなければなりません。そんな時、監督からフォーメーション変更の指示は出るものの、結局はピッチに立っている選手が10人でどのようなポジショニングにするかを考えなければなりません。

こうした状況の時、特に「すり合わせ」が必要です。ピッチを埋める作業を、11人ではなく10人で行なわなければならないのです。ですから、各選手が1・5人分の仕事をする意識が必要になります。そうなると、いつもよりも広いスペースを誰が埋めるのか、刻一刻と変わる状況のなかでコミュニケーションを取らなければなりません。

不思議なことに、こうした不利な状況（10人）になってから、逆にチームの調子が上がってくることもあります。これは、危機的な状況によって、おたがいの「すり合わせ」の回数、頻度が上昇し、通常よりもコミュニケーションが密になったことが原因です。

分析は、3分割で検証する

試合の結果は勝つか、負けるか、引き分けか、この3パターンしかありません。試合内容が良くても必ずしも勝つわけではありませんし、悪くても勝つ時もあります。

また、たとえチーム力に断然差がある試合でも、必ずと言っていいほど、チャンスの波とピンチの波がやってきます。強いチームにはチャンスの波が多く、弱いチームにはピンチの波が多くなります。

サッカーの得点は一瞬で決まってしまいます。ですから、下馬評では圧倒的に不利と言われているチームが勝利する場合もあります。ただ、勝利の確率を上げるには、チャンスの波を多く作る必要があります。そのためには何をすべきか。

ピッチを3分割し、それぞれのエリアで何が起こっているかを分析してみましょう。そこに、勝利に近づくカギが隠されています。3分割とは、自陣ゴール前エリア、中盤エリア、相手ゴール前エリアです。このように分けると、それぞれのエリアでのテーマ（課題）が見えてきます。

自陣ゴール前エリアでは、なんと言っても失点をしないことです。試合に負けた場合、どの位置からシュートを打たれて失点したのか、そのシーンで何か対策は打てなかったのか、などを検証して次に活《い》かします。

中盤エリアでは、その試合の主導権を握るための攻防があります。そのなかで、結果的に相手ゴール前エリアにうまく侵入することができず、得点できなかった試合を分析してみます。すると、中盤エリアでのイージーミスが頻発していたことがわかります。このエリアでのミスは、試合の主導権を握れないばかりか、得点するまでの過程において、ミスが許されない大事なエリアだということがわかります。

このように、ピッチを3分割することによって、それまで見えなかった課題が明確になるのです。

自分の「評価軸」を持てば、課題が見えてくる

厳しいことを言えば、シュートは決めてこそです。どんな当たり損《そこ》ないのシュートでも、決めれば1点です。パスもトラップも同様です。相手に取られなければ、まずはよしです。でも、それで本当に上達するのでしょうか。

たとえば、すばらしいシュートが決まったとします。しかし、自分のなかでは「ボールひとつ分コースが甘かった」などと、自分の評価軸を厳しいレベルに設定すれば、常に課題が出てきます。逆にミスをした時にも、「トラップまでは良かったが、シュートを打つタイミングが遅かった」など、自分の評価軸をきちんと設定しておきます。

つまり、周りから良いプレーと評価されたとしても、自分のなかでは納得しない部分を持つことが大切ですし、結果的にミスに終わったプレーでも、そこまで行きつく過程では、良いプレーもあったことを自分のなかにストックしておくことが必要です。

これは、指導者の立場では、さらに重要です。たとえば、得点はできなかったけど、その過程で良いプレーがあれば、それを選手に伝える必要があります。そうしないと、選手にとっては「得点できなかった＝すべてがミス」という評価になってしまいます。指導者は、絶えず「小さな成功」を見逃さないことです。そして、小さな成功の積み重ねは、選手の「成功体験のストック」になります。

もうひとつ重要なことは、「再現性」です。良かったプレーを違う場面や違う相手にも使えるようにならなければなりません。そうはいっても、一連のプレーのすべてを再現することは難しい。ですから、指導者は、一連のプレーのなかからポイントとなるプレーを抜き取って、選手に伝えます。そうすれば、より再現できる可能性は高まります。

サッカーの技術には、「これでよし」というレベルはありません。「結果オーライ」にしてしまったら、そこで成長は止まります。

第6章

トラブル、スランプへの対処

ミスは「迷い」から生まれる

「AとB、どちらにしようか。明日までに考えておきます」これができないのがサッカーです。プレーの選択を常に迫られ、いくつもある選択肢のなかから必ずどれかひとつを選ばなければなりません。

ミスの原因は技術的な要素もありますが、「迷い」も大きな原因のひとつです。状況判断はサッカーにおいて、非常に大切な要素です。いくらすばらしいドリブルを持っていようと、いつ使うかという判断をまちがえれば、状況判断の悪い選手ということになります。

詳しくは後述しますが、私は現役時代、ヨーロッパのプロチームの入団テストを受けるために、ポルトガルに渡り、2カ月間滞在をしました。残念ながら契約までには至らず、その後すぐにサンフレッチェ広島に復帰しました。

その時、私はある異変に気がつきました。2カ月前まで同じようにプレーしてきた環境、仲間なのに、何かが違います。全体の流れる時間の感覚が明らかに遅く感じるのです。私に何が起きたのでしょうか。

ポルトガルに渡り、最初の1、2週間は、サッカースタイルの違いなど、とまどうこともありましたが、何よりもサッカーの展開の速さに驚きました。また、ポルトガルリーグはかなり激しいリーグです。すこしでも判断が遅れてプレーに時間がかかると、すかさず深いスライディングタックルを受けます。判断が遅いとケガに直結することを身を以《もっ》て感じました。そして、この経験が自然と私を判断の早さへと導いたのです。

確かに、ミスは技術的な要素が大きいと思います。しかし、ひとつのパスをするにも、判断スピードを上げれば、判断にかかる時間が短縮され、パスに集中することができ、ミスも減るのです。

サッカーに迷いは禁物です。自分のたったひとつの判断がチームを助けることにもなるし、反対にチームをピンチに陥《おとしい》れることにもなります。

ミスをしたあとの「リカバリー力」

プロ選手といえども、ミスはします。自分がミスをするだけでなく、敵もミスを誘発するプレッシャーを次々としかけてきます。それでも、ミスは最小限にしなければなりません。

素人目にはわかりませんが、実は「わずかなトラップミス」「わずかなパスミス」が試合中に何度もあります。そう見えない、いや、見せないのがプロの技でもあります。味方の素早いサポートや自分のリカバリーもあります。プロとアマチュアの差をひとつ挙げるとすれば、それはミスをした時の切り替えの早さです。

スポーツでは勝つか負けるか、結果がはっきりと表われます。これは、試合だけではありません。日々のトレーニングから、勝負と向き合わなければ、どんなに強い選手、チームも勝ち続けることはできません。

そして、結果にはとことんこだわっても、それを引きずらないことも大切です。プロでやっていくには、気持ちを切り替える早さも必要なのです。

相手との1対1で負けて抜かれてしまい、「あっ、しまった」なんて考える時間はありません。素早く切り替えてリカバリーすることで、相手のボールをまた奪えるチャンスも出てきます。

私は、人生においてもふたつの場面があると考えています。負けたように見える時と勝ったように見える時です。最後まであきらめなければ負けないし、勝ったと思って油断していると足元をすくわれてしまいます。

プロの技と言うと、うまさや強さがクローズアップされますが、失敗をしたあとのリカバリーの早さもそのひとつです。

たとえば、パスの受け手が、パスの出し手の状況や相手のプレッシャーを把握して、あらかじめ「この範囲でパスがずれるかもしれない」と予測したとします。この準備ができていれば、通常だとミスパスになるケースが、何もなかったようにプレーが流れていきます。

つまり、プロは「リカバリー力」によって、ミスをミスに見せないのです。

経験豊富な選手とは、「失敗を知っている」選手

私は現役時代、何度も大失敗をしました。失点につながるミスパスをしたり、ゴール前でマークを外して失点したり……。ミスを味方に助けられ、大失敗を免《まぬか》れた場

面は数えきれません。

プロは、同じ失敗を何度もすれば「学習能力がない」と見なされ、試合の出場機会がなくなります。同じミスはしないことが、プロの鉄則です。

私は指導者として、横河武蔵野FCの選手にサッカーのセオリーを話す時、先述の3分割のエリアを元に、「このエリアでは、特にこのようなリスクがあるから注意してプレーするように」と説明します。そして、「自陣ゴール前エリアでは、ドリブルは必要だろうか」などの質問を投げかけます。

ちなみに、自陣ゴール前エリアは、特に注意が必要です。なぜなら、サッカーは非常に得点が入りにくいスポーツであり、1点の重みを感じてプレーすべきエリアだからです。

私は、基本的に「これは絶対してはいけない」と言わないようにしています。なぜなら、この質問では「できることならしないほうがいい」という回答をしてほしいからです。もし、自陣ゴール前では絶対にドリブルしてはいけないという固定観念を植えつけてしまうと、自陣ゴール前でボールを持った時に、目の前にまったく敵がいない状況にもかかわらず、ボールを大きく蹴り出してしまいます。

もちろん、これはひとつの選択肢として悪くありません。なぜなら、まずは失点しなかったからです。しかし、もうひとつレベルを上げるには、味方の状況がより有利になるプレーは他になかったか、を常に考えたいものです。

もし、蹴り出さずにドリブルで持ち上がっていたら、あるいは、フリーの味方にパスを出していれば、ボールは相手側ではなく味方側にあり、状況が変わっていたかもしれないのです。

難しい選択ですが、「安全な」プレーと「無難な」プレーは違います。やはりプロであれば、無難なプレーは極力減らさなければいけません。と同時に、安全なプレーを躊躇《ちゅうちょ》なく使う決断も必要です。

「規格外」の選手こそ、「規格」の重要性を知っている

スポーツの世界でスケールの大きな新人が出てくると、「規格外」などと表現されます。私も、そのような選手と敵味方を問わずプレーしました。

レオナルド（元・鹿島アントラーズ）とジョルジーニョ（元・鹿島アントラーズ）、このふたりに感じた「規格外」は、異常なレベルでインサイドキック（足の内踝《うちくるぶし》あたりでのキック）が正確だということ。「基本技術であるインサイドキックをこれほどまでに高められるのか」と感じたのは、私だけではないはずです。

規格外と言うと、異次元のレベルで、自分とは無関係の世界であるかのように使う人がいます。私は、横河武蔵野FCの選手に、あえて意地悪に「何が規格外なの」と聞いてみます。

すると、「周りの人が騒いでいるから」「なんとなくよく点を取るし」など、何を以《もっ》て規格外と言うか、本人がよくわかっていないことが多いようです。

もし、本当にプロ選手になりたいと思うのであれば、観察眼を磨かなければなりません。「Jリーガーだからうまい」ではなく、「なぜ、あの選手がJリーグでプレーができるのか」をよく観察すべきです。

私は、3年間ジーコとプレーする機会に恵まれました。約50人の選手のなかにも、ジーコのプレーを見て、なんでもかんでも「やっぱりジーコはすごい」で片づける選

「規格外」の選手

パウロ（写真右、当時・ヴェルディ川崎）も、「規格外」の選手だった。その体格差は、著者（中央）と比べれば歴然。1993年、鹿島アントラーズ在籍時　（写真／Ｊリーグフォト）

手もいれば、「なぜ、ジーコはミスもなく、正確にプレーができるのか」と自分に引き付けて真剣に考える選手もいました。そして、両者は、その後のサッカー人生に大きな差が出ました。

ちなみに、私は、ジーコがインサイドキックのインパクトの瞬間に足のどのあたりに当たっているか、ボールはどのような回転で進むか、など非常に細かい点も注意して見ていました。

ですから、今も指導者とし

て、インサイドキックの練習をする時には、その選手の蹴ったボールの軌道と回転を見れば、しっかりと蹴れているかどうかがわかります。

コンディションのバロメーターを持つ

プロ選手といえども、いつも絶好調とはいきません。実は、スポーツ選手は風邪《かぜ》を引きやすいようです。肉体を極限まで追い込む状態が毎日続くために、抵抗力・免疫《めんえき》力が低下するためです。

私のコンディションのバロメーターは日々の体重でした。体重を量《はか》るタイミングは、朝食前に決めていました。

夏は、特に注意が必要です。練習の前後で、体重は軽く3キロほど違います。食欲も減退し、涼《すず》しい季節と同じようにはいきません。そこで、私は、夏の食事では、いつもの3回を5回に分けました。1回の食事で量を確保するのは難しいので、1日の食事量は確保しつつ、回数を細かく分けたのです。

アスリート（もちろん市民ランナーなども含みます）の食事や栄養補給は、運動後30

分以内が理想的と言われています。栄養補給は、運動時に刺激を受けた筋肉を補修し、さらに強くするために必須です。

しかし、これが夏だと、すぐに食事をする状態になかなかなりません。そこで、私は、果物を摂取していました。果物はほとんどが水分で、その後の食事にそれほど影響を与えません。また、ビタミンは食前のほうが吸収がいいのです。

また、夏は大量に汗をかくため、激しい運動をするアスリートの場合、良質の塩を摂取することをおすすめします。実際に、私たちのチームでは、暑い季節には控え室に塩を常備しています。もちろん量は少量ですが、ウォーミングアップ前後、試合前、ハーフタイムに、それぞれの選手が摂取しています。

自分のコンディションの見極めは案外、難しいものです。その日の気分も影響してきます。ですから、体重のように数値化できる基準を参考に、どういう時が自分にとって良い状態なのかを知っておくといいでしょう。

スランプ回避のために、好調時にすべきこと

スランプという言葉は、比較的長い期間の不調の時に使われます。

私は、スランプという言葉があまり好きではありません。病院へ行って病名を言われて安心してしまうのです。「不調の原因はスランプか」と、安心してしまうようなところがあるからです。私は、不調の原因は必ずあると思っています。不調があるということは、好調な時ももちろんあります。

好調時には、確かに何も考えなくてもうまく運びます。ここから、一流と二流が分かれます。実は、好調時こそ、どのような要因でうまくいっているかを細かく分析しなければなりません。この作業を怠《おこた》ると、完全な不調状態（スランプ）に陥ってしまうまで気がつきません。

好調時に分析すると、調子を崩しそうな時点で、なんらかの気づきを得られ、深みにはまる前に改善できます。

サッカーの指導をしていると、おもしろい発見がいくつもあります。たとえば、指導者としての永遠のテーマ――すこしずつではあるがサッカーがうまくなっていく選

手の共通点は何か、などです。

そのひとつに「人の話をよく聞く選手」があります。こう述べると、人の話をよく聞く→優等生→上達する、こんな流れをイメージしそうです。

選手を見ていると、人の話を聞いているふりをしている選手、あるいは聞いているつもりの選手がけっこういます。これは、プレーを見ればすぐにわかります。

これとはまったく反対の選手もいます。こちらが話している時に聞いているのか聞いていないのかよくわからないが、コーチング後は、意識的に修正しようとしている選手。このタイプの選手は、自分のことだけではなく、他の選手がコーチングを受けている時でもしっかりと聞いています。

スポーツに限らず、どんな仕事でも必ずミスは起こります。明らかなミスが起これば、誰もが、そこでリカバリーしようと考えます。反対に、うまく物事が運んでいる時は何も問題がないために、考えようとしません。

ここで、先述の〝いつも自分のことのように話を聞いている選手〟は、うまくいっている時も、なぜうまくいっているのかを考える傾向にあります。こういう選手は、物事がうまくいかなくなる前に、「何かおかしい」ことに気づきます。そして、問題が大きくなる前に解決ができます。

これが、選手の好不調の波に関係してくるのではないか、と私は考えています。波の大きな選手は、うまくいっている時は勢いに乗り大活躍しますが、調子が悪くなると修正できず、どこまでも調子を落とします。

いっぽう、もうひとつのタイプの選手は、大活躍することが少ない代わりに、コンスタントに力を発揮することが多いようです。このタイプは、監督にとってはありがたい存在です。いわゆる〝計算の立つタイプ〟です。

ジンクスを持つ意味と利点

「今日は体が重い」「あまり眠れなかった」という時に試合を迎えることもあります。試合当日は、スタジアムに移動する車中での過ごし方、到着後のロッカーでの過ごし方、ウォーミングアップの入り方、試合の入り方など、すべてをルーティンにしている選手が多かったようです。

また、スパイクは絶対に左から履《は》く、お守りはここ、この音楽を試合の何分前に聞く、入場の際にピッチには右足から入る……などなど、選手は何かしらのジンクス（儀式）を持っています。

イチロー（ニューヨーク・ヤンキース）も、バッターボックスに入るまでの一連の動作は決まっています。いつも同じ動きをすることで、状態のチェックをしているのではないか、と私は勝手に想像しています。

サッカーの試合をスタジアムで見たことのある方は、キックオフまでの一連の流れをご存じかと思います。選手が入場して、おたがいのチームが握手をして、チームごとに全員写真を撮ります。そして、多くの選手が勢いよくダッシュして散らばります。

このダッシュにはそれぞれに意味があると思いますが、私の場合は、一度ダッシュしてみて、その日のコンディション――筋肉が張っていないか、試合に入るための体の準備はできているか――をチェックしていました。

ちなみに、私は「すこし体が重い」と思った時、周りの選手は気づかなかったと思いますが、レフェリーの合図まで相当な数のダッシュを入れていました。そして、すこし息が上がるくらいまでに体を持っていきました。この状態にしておかなければ、キックオフから100パーセントの力を出すことが難しいからです。

先述したように、体調はいつもベストとは限りません。その時に、ジンクスを決めておくと精神的に安心できます。私の場合は、キックオフ直前のダッシュだったのです。

ケガをする選手の共通点

サッカーでは、頭の使い方と同じくらい、体の使い方も大切です。サイドのポジションにいる選手以外は、いつも360度、周りの情報を入れておかなければなりません。

サッカーに限らず球技はボールが中心です。となると、どうしてもボールを追うことに集中します。サッカー用語で「ボールウォッチャー」という言葉がありますが、これはネガティブな意味で使われます。具体的には、ディフェンス時にボールに意識が集中するあまり、自分のマーク（相手）を見失う行為のことです。

しかし、ボールとマークを同時に見る作業はかなり難しいです。ボールも動き、人も動きます。それでもボールウォッチャーにならないためには、自分の体の向きを変えて調節しなければなりません。私は、この体の向きに気をつけることで、ケガの数も大幅に減らすことができると考えています。

これまで、多くのプロ選手やアマチュア選手を見てきましたが、よくケガをする選手がいます。彼らはプロもアマチュアも関係なく、体の向きがすばらしいというケースはほとんどありません。むしろ、悪い。

体の向きが悪いとは、目的地（ゴール）に向かうにあたって、最適な体の向きを作っていないということ。簡単に言えば、目的地に背中を向けています。

体の向きを良くすることには、視界を良くする目的があります。ここがケガを防ぐポイントです。視界が悪い選手は、相手がどこにいるのかわかりません。つまり、見えない位置から急に相手が現れる状況になります。これは、かなり危険です。

体の向きが悪い選手は、状況をつかみにくいため、ボールを持った時に相手にボールを奪われる確率も高くなります。こういった選手がボールを奪われると、「周りにサポートしてくれる選手がいなかった」と言い訳をします。しかし、これは大まちがいで、周りには何人もサポートしていた味方選手がいたのに見えていなかったのです。

変えなければいけないのは、他人の動き方ではありません。自分の体の向き、そして、立ち位置です。

好調時ほど、ケガやトラブルに遭《あ》いやすい

サッカーに限らず、何事も自分の思い描く目標まで一直線に到達できればいいですが、なかなかそうなりません。私は、いくらがんばっても進歩していないと感じたら、「今は、階段の踊り場で一休み《ひとやす》み」と思うようにしています。

踊り場では、疲れた体を休ませることができますし、立ち止まることで、周りの状況が冷静に見えたり、今まで歩んできた道のりを振り返ることもできます。これは、停滞ではありません。次のステップへいくための力の温存です。

性格的についついがんばってしまうタイプの人（私もそうですが）は、どんなに高みに登っても「いや、まだまだ」と自分を鼓舞しつづけて、立ち止まれません。立ち止まるのは、過労から病気になったり、ストレスが溜《た》まって入院するなど、休まざるを得ない状態になった時です。

スポーツの世界では、自分の限界を超えてトレーニングをすると、まれに「オーバートレーニング症候群」に陥ることがあります。これは、自分の回復力が、疲れに追いつかなくなり、トレーニングすればするほど疲れが溜まる状態です。こうなると、完全に回復するまでに、かなりの時間を要します。

反対に、何をしてもうまくいく時期もあります。チームメイトから見れば「あの選手にパスを出しておけばなんとかしてくれる」心強い存在です。しかし、こういう時こそ要注意です。

サッカーをしていると、「これは危ない」という場面が何度かあります。そこに行けば、ケガをする確率が高い場面です。これは、感覚的にわかります。しかし、絶好調の選手は、なんでもできるような気になり、いつもなら回避する場面でも、止まることなく行ってしまいます。このような時こそ、大ケガをする可能性が高いのです。

競争のなかで生きているプロ選手にとって、「立ち止まる」ことは難しいかもしれません。しかし、私が見てきた、いわゆる〝ブレイクする選手〟は、この調子の良い状態で、適度に力を抜きながら、うまくコントロールしているように思います。

思いきって「止まる勇気」も必要

私の選手生活19年間のなかで、「あれがなければ、今頃サッカーに携《たずさ》わっていなかっただろう」という経験が一度だけありました。

それは、プロ選手生活十数年が過ぎた36歳の時でした。振り返れば、6歳（小学一年生）からサッカーを始めて30年近くがたっていました。好きで始めたサッカーが職業となったものの、日々のしかかるプレッシャーで、精神的な疲労が溜まりに溜まって回復が追いつかない「心の金属疲労」状態になっていました。

ある日のこと、それまで張りつめていた緊張の糸がぷっつりと切れたような、ずっしりと重い気持ちになりました。

「サッカーから離れたい」

オーバートレーニング症候群なのか、うつ病か……私の精神状態は、サッカーができる状態から程遠いことは明らかでした。

それ以降も練習はするものの、疲労は溜まるいっぽうで、体調が回復する兆《きざ》しが見えません。年齢的には、引退してもおかしくありません。引退か、現役続行か……体で起こっている変化と頭で葛藤《かっとう》している様々なことを整理しきれなくなりました。ついに、私は決断します。

「一度リセットするしかない」

クラブに状態を説明、しばらくの休養を申し出たところ、チームドクターやクラブの理解もあり、ありがたいことに休養はもちろん、休養期間も決めないという配慮をしていただきました。

休養1週間目、それまでは毎日欠かさず見ていた海外サッカーの試合を一度も見ませんでした。それどころか、トレーニングという概念が頭からまったく消え、毎日自宅の周りを散歩するしか、体を動かす気になりませんでした。それまでの「毎日トレーニングしなければ、逆に体調が悪い」体質からは考えられませんでした。

休養2週間目、やっと自転車で1時間ほど運動ができるようになりました。それでも、ボールにはまったく触りませんでした。6歳から30年間、ほぼ毎日ボールに触っていた私がボールに触らない……今でも私自身信じられませんが、ボールに触るようになったのは3週間目からです。

1カ月が経過した頃、ようやく「サッカーがしたい」という思いがじわりじわりと湧《わ》いてきて、練習場に足を運べるようになりました。そして、プロ選手としてピッチに戻っていったのです。

この休養期間がなければ、プロ選手のキャリアが途切《とぎ》れていたのはもちろん、その後の人生にも大きく影響を及ぼしたことはまちがいありません。この休養を快《こころよ》く受け入れてくれたクラブには、今でも感謝しています。

「止まれ」のサインを見逃さないために

私のような長期離脱は例外としても、やはりスポーツにはケガがつきものです。プロは、ケガをしないことが一番ですが、ケガと上手につきあっていく術《すべ》を身につけることも大切です。

難しいのは、ケガのレベルの見極めと、そのケガによるパフォーマンスの低下です。ケガがすこしずつ改善されながらプレーできているうちはいいですが、ケガが悪化し始めたらプレーをやめるべきです。

大切なことは、ふだんから自分の体と対話をしておくことです。完全に調子を崩してから対処するのではなく、「何かおかしいぞ」と思った時点で手を打てば、大きなケガや長期離脱を未然に防ぐことができます。

私が長きにわたりプレーできた要因は、自分の体についてよく知ろうとしていたからだと思います。体を知るとは、体のほんのすこしの異変でも気がつくことです。人それぞれ、体の癖《くせ》や弱点は違いますが、それを知ることが、大きなケガを未然に防ぐ最良の手段です。

そうは言っても、どんなに気を遣《つか》っていてもケガ、病気になることもあります。そんな時に試されるのは、「勇気」です。

休むことは、とても勇気のいることです。「ポジションを奪われるのではないか」「自分だけ遅れてしまうのではないか」「周りに迷惑をかけるのではないか」など、ケガをしている時は、何事もネガティブに考えてしまいます。

しかし、問題（ケガ・病気）が起きるということは「止まれ」のサインです。止まってはじめて気づくこともあります。問題を「悪」と考えるのではなく、ひとつの転機と思えれば、「善」になるのではないでしょうか。

第7章

視野を広げる

移籍は、歓迎されない

同じチームにいれば、自分のプレースタイルはもちろん性格まで周りの人に理解され、ポジション（居場所）が確保されます。逆に言えば、移籍は、それまでの実績をすべてゼロにして臨《のぞ》む覚悟がなければ、成功しません。

移籍は、新人で入団することとも違います。実績があればあるほど、他の選手にとっては〝目の上の瘤《こぶ》〟になるわけですから、まちがっても「歓迎」されることはありません。厳しい目にさらされながら力を発揮する精神力と、立場は新人ですから、自分のほうからコミュニケーションを取る積極性も必要です。

近年、日本人選手が海外で活躍しています。もちろんサッカーの実力が上がったこともありますが、コミュニケーション能力が高まったことも大きな要因だと思います。

私が考える、人間が成長する条件とは、「ちょっときついな」と思う環境で仕事をすることだと思います。人間は、今までと違うステージに上がろうとした時、以前とは違う反応が、身体のなかで起こるように感じます。

私は、これまでのプロ生活で数回、移籍していますが、いずれも自ら環境を変えたいと思ったからです。もちろん、移籍は、相手チームが必要としてくれなければ成立しません。

私はひとりのプロフェッショナルとして、いつも心がけていたことがあります。それは、他チームから「吉田が必要だ」と言われるくらいに、自分の技を磨いておくことです。そうでなければ、今の場所での活躍も難しいと思います。

ただ、どうしても今の場所で評価されていないと感じたら、他へ移る選択肢も考えたほうがいいかもしれません。その時、もっとも大事なことは心構《こころがま》えです。「他へいけばなんとかなるのではないか」という甘い考えでは、失敗する確率はかなり高いでしょう。

私が移籍する時は、いつも「もう、これであとがない」という思いで、決断してきました。つまり、崖《がけ》っぷちに立つということです。この覚悟がなければ、他へ移ることはおすすめしません。

環境を変える時、絶対に欠かせないもの

私は、先述のように現役時代、何度か移籍を経験しましたが、二〇〇五年の清水エスパルス在籍時まで、家族全員で移籍先に移動していました。

しかし、二〇〇六年、FC岐阜（当時・地域リーグ）への移籍の際に、はじめて単身で移動しました。理由は、子どもが小学校3年生と6年生で転校が厳しかったこと。そして、もしかしたら契約が1年で終わり、移籍を繰り返す可能性があったからです。

選手にとって移籍は、若いうち、特に独身の場合には、金銭面やハード面、J2からJ1へのステップアップなど、サッカーを取り巻く環境が検討材料です。しかし、家庭を持つと状況は変わります。ましてや、子どもの年齢が高くなれば、子どももそれぞれのコミュニティーを持ち、進学などの問題も絡《から》むため、決断が難しくなります。

実際に、私もはじめての単身赴任《たんしんふにん》の時は、妻だけでなく子どもたちにも相談しました。家族全員で新しい土地へ行き、新たなコミュニティーを作ることも、子どもたち

への教育のひとつかもしれません。

しかし、最終的には、その先何年いるのかわからない土地に行くリスクは高すぎると判断し、単身赴任を決めました。

移籍の際に、家族がある場合は、誰よりも大変なのは妻です。本人はサッカーという目的があるからいいですが、妻は移籍のたびに、新たな土地で交友関係から子どもの学校など、あらゆる生活に関わることを開拓しなければなりません。

私のこれまでの移籍も、妻の協力がなければ、すべて成立していませんでした。選手にとって、家族の支えはとても大きいのです。

視野を広げてくれた、海外挑戦

一九九九年、私は初の海外挑戦のため、ポルトガルに渡りました。Jリーグで数々の外国人名選手とプレーすることで、自分のなかで沸々《ふつふつ》と海外でプレーしたいという思いが膨《ふく》れ上がっていました。

海外に挑戦、と言うとなんだか夢を追ってかっこよく見えますが、実際には現地に向かう当日まで「本当にこれでいいのだろうか」と悩んでいました。

近年のサッカー界では、若いうちに、それこそ20歳そこそこでの海外挑戦が常識のようになっています。しかし、私がチャレンジした年齢は30歳。しかも、相手クラブから「ぜひ、うちへ」というオファーをもらえたわけではありません。

海外挑戦にあたって最初に行なったのは、ヨーロッパにコネクションを持っている人を探すこと。代理人と言えば、今のサッカー界で知らない人はいません。しかし、当時は代理人の存在すらわからず、とにかく知人のツテを頼って必死に探しました。そして、なんとか代理人が見つかり、そこからチーム探しです。

当初、ヨーロッパのチーム数を考えると、どこかチームは見つかるだろうと楽観的でした。しかし、今と違い、日本人選手の知名度はほとんどなく、かろうじて中田英《なかたひで》寿《とし》氏（当時・ペルージャ）が知られているくらいでした。チーム探しの作業は難航し、数カ月後にやっとテスト参加を受け入れてくれるチーム、ポルトガルのサンタ・クララが見つかりました。

代理人からは、あらかじめ年齢的なことも言われ、厳しい状況はわかっていました。でも、「やっと挑戦できる」とワクワクしたことを今でも覚えています。

サンタ・クララは、ポルトガルの首都リスボンから西へ1500キロに位置する大西洋に浮かぶ九つの島からなるアゾレス諸島にありました。

ポルトガルのチームは、歴史的な背景もあり、多くの外国人選手がブラジル人です。そこに、ヨーロッパや南米、アフリカの選手が加わります。サンタ・クララでは、私が唯一のアジア人でした。チームは、私が参加した年から1部リーグに昇格したこともあり、代理人によれば、テスト生の数が例年になく多かったようです。

言葉もほとんどわからずに渡欧したので、困ったのは食事です。狭いアパートにひとりで住み、毎日、外食をします。最初は、メニューの絵や写真を指差して、なんとか食事にありつきました。海が近いために、魚介類のメニューが豊富でしたが、その名前を覚えるのに苦労しました。

しかし、この経験が言葉を覚えるきっかけとなりました。そして、レストランに入っても困らない程度の単語を覚えたのです。その時の記憶力は、自分で言うのもなんですが、抜群でした。言葉を覚えないと食事ができないわけですから必死です。人間は追い込まれると、火事場の馬鹿力でなんとかなるものです。

レストランでは、ほとんどの会話がサッカーであり、流れているテレビ放送もサッカーの試合。ちなみに、スポーツバーではありません。街を歩いていても、チームメイトはあちこちで声をかけられていました。それが、ごく普通の日常なのです。

これが、ヨーロッパのサッカーの歴史であり、サッカーがひとつの文化になるということなのでしょう。すこし、うらやましく感じました。

「生き残れた理由」と「生き残れなかった理由」

テスト生は、毎日がサバイバルです。私が帯在した2カ月間に、テスト生として参加した選手はおよそ20人。1日で帰される者、3日で帰される者……めまぐるしく入れ替わります。

「次は自分か」毎日がプレッシャーとの闘いです。私は、それまでプロ選手として、たとえば、優勝がかかる大一番の試合など、様々なプレッシャーを経験してきました。しかし、ポルトガルで感じたプレッシャーは、〝別物〟でした。長いヨーロッパのサッカーの歴史が、そう感じさせたのかもしれません。

練習前のロッカーでは、これから本当に練習をするのかと思うほど、和《なご》やかな雰囲気です。それが、ロッカーを1歩出た瞬間、選手みんなが別人になり、異様な緊張感が漂《ただよ》います。サッカーをするというより、戦いに出るという表現が的確かもしれません。

テスト生の存在は、チームにとってはプラスになる可能性があっても、選手にとってはライバルでしかありません。ですから、けっして歓迎されません。しかし、ピッチ外ではまたも別人で、みんなが本当によくしてくれました。

テスト生として1週間〝生き残った〟頃、すこしずつチームメイトに信頼してもらえるようになりました。それまでのパスがなかなか回ってこなかった状況から、1歩前進したように感じました。自分の気持ちにもすこし余裕が出て、それまでの1週間を振り返ってみました。

なぜ、私が1週間生き残れたのだろう。そして、去っていった数名のテスト生には何が足りなかったのだろう。このふたつを考えました。

テストを受ける際に誰もが考えること、それは目立つことです。問題は、どのように目立つのか。去ったテスト生には、比較的スタンドプレーが多かったようです。わかりやすい例を挙げれば、ドリブルです。彼らは必要以上にドリブルをします。それでは、5回のうち1回のチャンスを作り出せても、残り4回でピンチを招いたら意味がありません。

私が意識したのは、自分が目立つことを最優先にしないこと。あくまで監督目線で、「この選手がいたほうがチームはもっと機能するだろう」と思ってもらえるプレーを心がけました。

最終的には、テスト生の最後のひとりにまで残ったのですが、残念ながら、契約には至りませんでした。しかし、この時の経験が、現在の指導者としての見識を作るきっかけになりました。

ファインプレーにしないのが、プロの技《わざ》

メジャーリーグの試合をテレビ観戦した時のことです。イチローのところに外野フ

ライが飛び、アナウンサーは「難なく正面でキャッチ」とコメントしました。確かに、それはなんでもないプレーです。

しかし、私はあることに気づきました。バッターが打つ瞬間、いや、そのすこし前にイチローは動き出していたのです。きっと、イチローの〝スーパーコンピューター〟は、風向き、ピッチャーの球種、打者の特徴、走者など様々な状況を分析して、正面のポジションに移動したのでしょう。

他の選手だったら、ダイビングキャッチをしてファンを喜ばせたかもしれません。でも、ミスをする確率は高くなります。

イチローのプレーと重なるのが、サッカーのゴールキーパーです。ゴールキーパーは守備の最後の砦《とりで》、いつシュートが飛んできてもいいように「準備」しておかなければなりません。この「準備」について説明しましょう。

相手が自陣ゴール前でボールを持っているとします。その時にゴールキーパーが考えるべきことは、ボールを持った選手の利き足は？　味方ディフェンスの寄せ方は？　相手フォワードの位置は？　など、ボールと人が動くたびに、情報を入れて編集作業を続けなければなりません。そして「シュートを打たれる」瞬間には、すでにコースが限定されていることが望ましいのです。

テレビなどで、ゴールキーパーがすばらしいセービングをすると、すべてファインプレーだと思われていませんか。実は、プロ選手は、できる限りファインプレーにならないようなプレーを心がけています。

ファインプレーに見えるプレーのいくつかは、単に準備が悪いだけなのです。ファインプレーをファインプレーに見せないのがプロの技です。

テレビではわからない、一流選手のプレー

これは私の考えですが、「サッカー観戦教室」というものがあってもいいかもしれません。今や、世界のサッカーをテレビで見ることが普通です。しかし、その目的は人それぞれです。

もし「プロになりたい！」ならば、何を見ているか（視点）が大切です。ヨーロッパのトップリーグのスピード感、技術の高さなど、録画しておけば何度でも見返すこ

とができます。しかし、どうしても見られないものがあります。それは、ボールがないところでの選手の動きです。

たとえば、テレビでは長友（インテル・ミラノ）がボールを受ける映像が突然、現われます。このプレーでのポイントは、長友がボールを受けるまでの過程で、どのような駆け引きを経て、そこに至ったのかです。

サッカーでは１試合90分間に、大半の時間をボールなしで過ごすと先述しました。では、ボールがない時に、選手は何をしているのでしょうか。実は、選手は、ボールを持っていない時間も、常に相手との駆け引きを行なっています。これは、試合会場で観ないとわかりません。

サッカーはポジションの奪い合いのゲームと言ってもいいでしょう。選手は、相手より１歩でも半歩でも先手を取ろうとします。実際に、ゴール前では半歩どころかほんの数センチ、相手が先にポジションを取っただけで、ゴールが決まることもあります。

私の少年時代には、サッカーのテレビ中継がほとんどなく、サッカーの試合は試合会場で見ることがあたりまえでした。私は、日本にプロサッカーリーグができる前のアマチュアリーグをよく見に行っていました。今思い返すと、この時から、サッカー場の大きさが、私のなかに感覚としてインプットされたようです。

ですから未《いま》だに、テレビで見るサッカーは窮屈《きゅうくつ》で物足りなく感じます。最近の子どもたちは、スマートフォンやテレビゲームによって、サッカーの試合を小さなスクリーンで見ることに違和感がないようです。心配しすぎかもしれませんが、ピッチ全体を広く使う感覚が薄くなっている気もします。

もし、本気でプロ選手を目指すのであれば、実際に試合会場に足を運び、サッカーの全体像を見るべきです。また、プロ選手を目指さなくとも、たまには試合会場で観戦してみてください。テレビではわからない選手の動きを見れば、サッカーがもっとおもしろくなります。

敵からも味方からも、技を盗む

どうすれば、今よりうまくなれるか、成長できるか——。

先述のように、今は世界のあらゆるサッカーリーグをテレビで見られるので、イメージトレーニングは十分にできます。しかし、もっと身近で、うまくなる方法があります。それは「技を盗む」ことです。

チームメイトはもちろん、対戦相手からも盗みます。「この選手のドリブル、取れないんだよな」「あの選手、小さいのにヘディングが強い」など、周りには様々なタイプの選手がいるはずです。「あの選手にやられた！」という印象はなかなか消えません。そこを利用してください。それぞれの選手が、必ずどこかで工夫をしています。それを盗んでください。

とはいえ、他人が持っている技を盗む、まねることは簡単ではありません。「盗む」という言葉通り、それは教えてもらうというより、見よう見まねで試行錯誤しながら、体で覚えることです。

運良く、本人からコツを聞けたとしても、人によって感覚がそれぞれ違うように、言葉での表現方法も違い、こちらが理解できないことも多いのです。なぜなら、教える側が、「すでにできる人の感覚」で説明するからです。

よく聞く話ですが、長嶋茂雄《ながしましげお》氏（読売ジャイアンツ終身名誉監督）がバッティングを指導する時に「腰をキュッとひねって、バットをヒュンと音が出るように振るんだ」などと説明するそうですが、それを実際のバッティングに活かすのは難しいでしょう。しかし、長嶋氏にしてみれば、その短い言葉のなかにバッティングのコツが凝縮《ぎょうしゅく》されているのです。

ひとつの技を自分のものにするには、まずは徹底してまねることです。そして、その作業を繰り返していくうちに、ひとつの「型」ができあがるのです。

私は幸運にも、中学時代からあこがれていたジーコと同じピッチでプレーすることができました。ピッチでのプレーはもちろんのこと、ピッチ外でも、ジーコの一挙手《いっきょしゅ》一投足《いっとうそく》をつぶさに観察していました。

自分の考えは、他人に話すことで整理される

サッカーファンやサポーターだけでなく、選手間でも「サッカー談義」をします。これは、ミーティングなど緊迫感のあるものではなく、ざっくばらんに話し合う趣味

の時間と言っていいでしょう。

話題は「昨日のメッシ（ＦＣバルセロナ、アルゼンチン代表）のドリブル」や「クリロナ（＝クリスティアーノ・ロナウド、レアル・マドリード、ポルトガル代表）のフリーキック」など、海外ネタが多く使われます。

おもしろいことに、ここには選手それぞれの〝サッカー観〟が、ふだん以上に出てきます。たとえば、フリーキックの話題で、「その前のディフェンスの寄せが甘かったよね」と話す選手もいます。これらの意見を聞くと、その選手のサッカーの見方や姿勢がわかり、一緒にプレーするうえで参考になります。

このように、ふだん一緒に仕事をしている仲間どうしでも、はじめての情報は珍しくありません。ですから、情報をキャッチするアンテナは、サッカーの幅を広げるために、常に磨いておきましょう。

アンテナの感度は、人それぞれ違います。感度を上げるためには、日頃から自分が欲しい情報を整理しておくことが必要です。そのキッカケは、どこに転がっているかわかりません。たまたま読んだ新聞の記事、テレビから聞こえてきた何気ない一言などなど。

私が明治大学サッカー部のコーチをしていた時、ラグビー部やアメリカンフットボール部も、サッカー部と同じ場所で練習をしており、私は、練習の合間に彼らの練習を見ていました。そこには、パスを回す時の味方が走るコースやタイミングなど、サッカーに共通する練習がいくつもあり、非常に参考になりました。

このように、サッカーでは解決策が見えてこなかったことでも、他のことから解決の糸口が見えてくることがあるのです。

また、情報量を増やすためには、キャッチする作業（インプット）と同時に、他人に話す作業（アウトプット）も行なうと効果的です。たとえば、私は「他人にキーワードを預ける」ことがあります。自分ではいくら考えても良い方法が見つからなかったのに、その人にとってはすでに経験済みで、いとも簡単に解決策を提案してくれることがあります。

自分の経験や行動範囲だけでは、どうしても選択肢が限られます。ひとりの頭で考えるよりも2人、3人と頭（コンピューター）をリンクさせて、キーワードを検索することも、問題解決の有効な方法です。

シンプルにすることが、アイデアの本質

サッカーは、特に攻撃時にはアイデアが必要です。相手の守備の発想を上回るアイデアを出さないと、ゴールは奪えませんから。

アイデアとは、他人が思いもつかない奇抜な発想と思われがちです。芸術家のような職業ならば、それも必要でしょう。しかし、サッカーでは、どんなプレーにもチーム内の共有が必要であり、周りの選手が理解できないものは、良いアイデアとは言えません。複雑にすればするほど、理解できる人間が少なくなるのです。

たとえば、香川（マンチェスター・ユナイテッド）が、相手ゴール前でディフェンスふたりをドリブルで抜き去り、ゴールを決めたとします。この局面で、香川のプレーが味方の選手とまったく共有されていなかったら、どうなるでしょう。

もしかしたら、香川のドリブルコースを味方選手が塞《ふさ》いでしまうかもしれません。

しかし、共有されていれば、香川がドリブルを始めると、味方選手は「香川は、この

コースを通るだろうから、うまくスペースを作っておこう」となります。これは、局面の打開策を探る方法であり、発想です。

サッカーで奇抜なアイデアが必要な局面があるとすれば、相手との1対1で抜き去る方法、思いもよらない距離・角度からのシュート、このふたつしか思いつきません。

私が考えるアイデアとは、新発見のようなものではなく、これまでにあったセオリーを元に、何と何を組み合わせるのかという発想です。

あらゆる情報を、本業に置き換える

私は、テレビのドキュメンタリー番組をよく観ます。その人物の生き方――人生の軸や背景が、どの時点で、どんなきっかけで作られたか、そして、どのようにして今があるのか――に非常に興味があります。

同じ世界に長くいると、一定の枠《わく》内で収まり、マンネリ化してきます。そして、レベルが上がれば上がるほど、うまくいかない比率が高まります。なぜなら、周りのレベルが上がるからです。

何事も同じでしょうが、コツをつかむと順調に上達します。しかし、次第にうまくいかなくなり、壁にぶつかります。それを乗り越えると、また上達して、次の壁がやってくる。レベルが上がるにつれて、この周期が短くなります。「また、壁だ」と、うんざりします。

しかし、漠然と何も考えずに取り組んでいる人には、壁はやってきません。壁にぶつかるということは、順調に道を進んでいるということでもあります。私は、こう考えられるまでに、かなりの年月がかかりました。

私は、壁を乗り越えるには、頭を切り換えることが必要だと思います。具体的な方法として、専門分野以外からヒントを得ることをおすすめします。

たとえば、私の専門はサッカーですが、他のスポーツを観ることで、新しい発想が生まれることがあります。ラグビー、バスケット、テニスなどは、基本的に体を使う勝負事であり、駆け引きや体の使い方に関して、参考になることがよくあります。これは、それまで作ってきた自分の枠を壊す作業でもあります。

自分の枠を広げるために大切なことは、考え方（思考）を変えることです。私が自分の枠を広げるために、日常生活のなかで気をつけていることがあります。それは、自分がやりたいと思うことに関して、情報を集めておくことです。情報源は、雑誌でもインターネットでもかまいません。

また、自分の成功体験を一度、脇に置くことも必要です。ここで、専門分野以外の情報が生きてきます。長期間、同じ分野で仕事をしていれば、受け取る情報の多くは「予想外」ではないでしょう。思考もマンネリ化します。そこで、違う分野でプロフェッショナルとして仕事をしている人から話を聞くと、新鮮さもあり、新しい発見をすることもあります。逆に、共通していることもたくさん発見できて、気づきを得られます。

私は、このような機会を積極的に持つことで、大いに刺激になっています。

第8章

セカンドキャリアと管理職

現役にこだわったのは、指導者になるため

私にとって、ターニングポイントは、二〇〇六年のＦＣ岐阜への移籍でした。当時在籍していた清水エスパルスからは、「指導者に」というお話をいただいたのですが、現役選手を続けたいという強い思いがあり、移籍を決断しました。

移籍のもうひとつの理由は、セカンドキャリアを考えて、様々なカテゴリーでの経験を積んでおきたかったからです。

現在、日本では、サッカー指導者のライセンス制度があります。Ｊ１、Ｊ２の監督になるためには、公認Ｓ級コーチのライセンスが必要であり、そこに至るまでに公認Ａ級コーチ、公認Ｂ級コーチ、公認Ｃ級コーチ、公認Ｄ級コーチと段階を追って取得しなければなりません。

二〇一三年現在、公認Ｓ級コーチのライセンスを約４００名が取得しています。ライセンスは、ピラミッド構造になっており、合計の取得者数は二〇〇三年時点で３万９０００人以上でしたから、現在はさらに増えていると思われます。ちなみに、クラブの数は、Ｊ１、Ｊ２を合わせて40です。

指導者のライセンス体系

公認キッズリーダー

10歳以下の選手・子どもたちに関わる指導者・父兄等で、体を動かすことの楽しさを伝える指導者

↓

公認C級コーチ

公認D級コーチ

12歳以下の選手・子どもたちに関わるグラスルーツで活動する指導者

↓

公認B級コーチ
（必要資格／公認C級コーチ）

サッカーの全体像を理解し、基本的な知識・指導力を身につけた指導者

↓

公認A級コーチ ジェネラル
（必要資格／公認B級コーチ）

公認A級コーチ U-12
（必要資格／公認B級コーチ）

指導者のスペシャリスト（年代別）

↓

公認S級コーチ
（必要資格／公認A級コーチジェネラル）

プロチームで指導できる指導者

公認ゴールキーパーC級コーチ
（必要資格／公認C級コーチ）

主にU-15年代のゴールキーパーに関わる指導者

↓

公認ゴールキーパーB級コーチ
（必要資格／公認B級コーチおよび公認ゴールキーパーC級コーチ）

主にユース年代（18歳以下）のゴールキーパーを指導できる指導者

↓

公認ゴールキーパーA級コーチ

プロ選手を含め18歳以上のゴールキーパーを指導できる指導者

（日本サッカー協会 公式サイトより）

選手の場合、ゴールキーパー以外なら、他のポジションでプレーする代替性がありますが、監督の場合、1チームにひとりです。そう考えると、監督になることがいかに難しいことかは想像がついていました。ですから、将来、監督になることを見据《みす》えて指導者になるためには、できるだけ様々なカテゴリーを見て、経験しておく必要があると考えたのです。

当時のFC岐阜は、J1から数えて4番目のカテゴリー、地域リーグ（東海リーグ）に所属していました（117ページの図）。選手としてJ1を渡り歩いてきた私には、その環境は衝撃的でした。J1時代の天然芝の専用練習場から一変、日替わりで練習場所が変わり、人工芝や土のグラウンドもありました。さらに、ピッチの正規の大きさを確保できない公園で練習することもありました。もちろん、着替えをするロッカーがないのはあたりまえです。

しかし、つらいと思ったことは一度もありませんでした。もし、自分がこのクラブで指導者になったらどうするか、を想像しながらプレーしていました。指導者として練習メニューを組み立てる際には、練習環境の制約のなかで考えなければなりません。J1に居続けていたら、この環境は想像すらできなかったでしょう。

私は現在、上から4番目のカテゴリー、JFLの横河武蔵野FCの監督を務めていますが、この経験が大変役立っています。

クラブにとって、昇格とは

現在、「Jリーグ昇格」という目標を掲げて、数多くのチームが着々と力をつけています。そして、毎年、いくつかのクラブがJリーグ参入の夢を叶《かな》えています。プロリーグではない、現在のJFLでも、来年のJリーグ参入を明確な目標にしているクラブが18クラブのうち、半数以上あります。今後はいずれ、最低でも47都道府県に1クラブずつができると思います。

私が移籍したFC岐阜では、毎年、カテゴリーを上げる（昇格）ことがミッションでした。昇格は、クラブや選手の願い・思いもありますが、もうひとつ理由があります。それは、クラブの存続に、昇格が大きく関わるということです。

クラブの存続には、運営資金が欠かせません。クラブの収入源の大きな柱は、①入場料、②グッズ売上げ、③スポンサー収入です。①②は、将来のJリーグ参入を考えると伸ばし続けていかなければいけない要素ですが、地域リーグでは、多くを望めません。

その年の予算で見れば、①②はあくまでも「見込み」ですが、③はカテゴリーが下位だと、宣伝効果が低いため得ることが難しいものの、「必須」です。

スポンサード（支援）については、個人から企業まで様々な形式があります。資金提供だけでなく、選手にサプリメントやトレーニングウエアを提供してくださるスポンサーもいました。企業としては「応援したい」気持ちはもちろんですが、やはり、将来への投資という考えがあります。その将来とは、Jリーグ参入です。

ここで重要なことは、クラブのビジョンが明確であること。これがぶれると、いくら強いチームでも、個人にも企業にも賛同してもらえません。そして、現場は勝ち続けて、昇格し続けることがミッションになります。

言葉で言うのは簡単ですが、毎年昇格することは容易ではありません。ライバルチームもあるわけですから、わずかな椅子を賭けての勝負となります。

チームを「前のめり」から「自然な姿勢」に戻す

では、現場（ピッチ）レベルでは、何を考えていたのかをお話ししましょう。

まず、地域リーグからJFLに昇格するためのレギュレーションを簡単にご説明しましょう。地域リーグは、全国九つに区分けされています。各地域でリーグ戦を行ない、優勝したクラブと全国社会人サッカー選手権大会の上位チームが、地域リーグ決勝大会に出場します。地域リーグ決勝大会では、予選ラウンドと決勝ラウンドを戦い、上位クラブがJFLに昇格します（その年によって、昇格クラブ数の変更あり）。

FC岐阜では、1年間の長い道のりのなか、勝ち続けるメンタリティーをどう維持するか、がテーマでした。チームは〝生き物〟であり、1年間を通して好調な状態が続くことはありません。

私は、全員が「勝ちたい」「勝たなければならない」プレッシャーで、前のめりになっている状態は、長続きしないと思っていました。何か、他にモチベーションを維持するサッカーへの取り組み方、姿勢はないかと考えました。

そこで考えついたのが、「負けないサッカーをする」という発想でした。字面《じづら》を見ると、ネガティブなように感じますが、「勝ちたい」あまり、前のめりになっている状態をすこしでも「自然な姿勢」に戻すには、これくらいのほうがいいだろう、と考えたのです。

リーグ戦には、勝利（勝ち点3）、負け（勝ち点0）、引き分け（勝ち点1）の3通りがあります。長いシーズンでは、選手の足が重く、最悪な試合内容のことが必ずありますす。そのような時は、試合前に「今日はやられそうだ」と、気持ちではわかっていても、「勝たなければ」という意識が先行して、強引に勝ち点を取りに行き、墓穴を掘ることが起こります。そうならないためには、「今日は勝ち点1を取れたら、ラッキー」と思えることも大事です。

また、戦い方でも、「勝ちに行く」という思いをそのままプレーで表現すると、得点を奪いに行く意識が過剰になる恐れがあります。チームの調子が良い時には、それでも問題ありませんが、劣勢になった時に、立て直し作業が難しくなることもあります。

そんな時には、相手にプレーをさせないという戦い方もあります。〝相手の良さを消す〟という表現がわかりやすいでしょうか。徐々に相手のペースを乱すことで、結果的にこちらのペースにするという戦い方が有効なのです。

「目的の明確化→共有」というプロセス

地域リーグやＪＦＬなどアマチュアリーグでは、サッカーだけで生活が成り立つ選手はごくわずかです。ＦＣ岐阜でも、多くの選手がサッカーの他に仕事を持っていました。選手は全国から集まります。独身者、妻帯者、単身赴任の選手など様々な選手がいました。

これらを踏まえ、選手間のミーティングでは、サッカーはもちろんのこと、他の仕事の状況などプライベートについても話し合い、すこしでもサッカーに集中できる環境を作るように努めました。

このように、私は、選手として個人の結果と同時に、クラブの結果にもこだわる必要がありました。これは、それまでに感じたことがないプレッシャーでした。立場的には一《いち》選手でしたが、同時にクラブ側の視点を持つ必要に迫られたのです。

二〇一四年、新たにＪ３がスタートします（117ページの図）。ヨーロッパや南米など、サッカー先進国では、すでに3部リーグが存在しています。高いレベルの選手層を厚くすること、地域に密着したクラブチームを全国に作ることで、サッカーがさらに発展していく可能性を秘めています。

いっぽうで、選手がサッカーをする環境も考える必要があります。前述のように、チームの選手全員がサッカーだけで生活できることは難しいでしょう。その時に、スポンサーとしてお金を出していただく以外に、地域密着を考え、選手を雇用していただけると、選手も地域のチームに愛着が湧くと思います。

ＦＣ岐阜では、昇格という大命題がありました。いっぽう、横河武蔵野ＦＣはアマチュアのトップを目指しています。目指す頂《いただき》は違いますが、共通しているのは、どうやって自分たちのサッカー環境を作っていくかということです。

チームマネージジメントをするうえで、目的を明確にし、それをチームで共有する作業は、どのカテゴリーでも変わらないのです。

サッカー環境

横河武蔵野FCの監督として、試合中の選手の動きをベンチから見る著者。試合会場、練習場などサッカー環境は、J1とは比較にならない　（写真／著者）

自由時間の過ごし方で差がつく

先述のように、プロ選手の1日の練習時間は約2時間です。当然ですが、誰もが懸命に取り組みます。

では、どこで他の選手との差が出るのでしょうか。

私は、この練習時間以外の22時間の過ごし方が非常に重要と考えています。選手は、練習時間以外、基本的にフリーです。治療を受ける選手、マッサージを受ける選手、ジムで汗を流す選手など様々です。

大切なことは、翌日の貴重な2時間の練習時間に向け、いかにベストコンディションに持っていけるか、です。それがフリーという意味であり、単なる「休み」ではありません。

約20年前、私がプロ選手としてスタートした頃は、プロ選手とアマチュア選手が混在していました。鹿島アントラーズも例外ではなく、前身である住友金属の社員選手も一緒にプレーしていました。当時、私たちプロ契約選手は、毎日サッカーだけをしていましたが、社員選手は会社の仕事とサッカーを両立させていました。

横河武蔵野FCの選手たちは、サッカー以外のフルタイムの仕事をしながら、なんとかサッカーをする時間を捻出《ねんしゅつ》しています。

サッカーだけをするプロ選手と仕事とサッカーを両立させるアマチュア選手のどちらの環境がいいかは、私には、未だにはっきりと答えは出ていません。それぞれ良いところもあれば悪いところもあり、最終的には、選手それぞれの性格や向き不向きで決めるしかありません。

ただひとつ、プロを経験してきた者として言えることは、プロになりたての若い時期の「自由時間」は、貴重であると同時に案外、過ごし方が難しいことも確かです。

特に、新卒でプロになった選手は、学生時代にあった学業が急になくなるので、サッカーだけでは時間を持て余してしまいます。そして、だらだらと過ごしているうちに、あっというまに1年が過ぎてしまいます。

プロ選手になることは、社会人になるということでもあります。サッカー以外にもしっかりとした目標が必要です。それが、いずれ必ず訪れるセカンドキャリアに役立ちます。

セカンドキャリアは、「複業」で考える

二〇一四年からのJ3発足に伴《ともな》い、Jリーガー（選手）の数は必然的に増えます。そうなると、引退する選手の人数も増えることが予測されます。サッカー界にとって、選手のセカンドキャリアを充実させることが急務だと私は考えています。

「はじめに」でも触れたように、現在の、プロサッカー選手の平均の引退年齢は26歳です。この数字には、長期間活躍したスター選手も含まれており、現場にいる私の感

覚では、24、25歳くらいに実感しています。また、入団では、高卒が減り、大卒あるいは社会人が多数を占めています。つまり、大学を卒業してプロの世界に入ってからの2年間が勝負です。

日本の就職活動は、特定の資格保持者や一部の技術者を除けば、基本的に新卒採用です。大企業になれば、なおさらです。この状況では、プロサッカー選手が現役を引退して、一般企業に就職する道はかなり険《けわ》しいと言わざるを得ません。

では、サッカー関連の仕事はどうでしょうか。すぐに思い浮かぶのが監督、コーチ、サッカー解説者あたりでしょうか。しかし、先述のように、J1からJ2までのクラブの数は40であり、監督は40人です。解説者の数は……数人で十分でしょう、しかも選手のような引退もありません。

残念ながら、サッカー関連の仕事の数は、おそらく急激に増えていくことはないでしょう。このような状況を踏まえ、セカンドキャリアについて、今後どのような対策が必要でしょうか。私は、選手側の働くスタイルを変えていくことも重要だと思います。

それは、ＦＣ岐阜の選手のように、サッカー選手として給料をもらいながら、もうひとつ仕事を掛け持つスタイルです。これは、Ｊ１では、なかなかわかりません。なぜなら、Ｊ１の選手はサッカーだけでメシが食えますから。私も、ＦＣ岐阜で経験をしたことで、この「複業」という発想ができるようになりました。

複業のもうひとつのメリットは、仮に、ひとつの仕事がダメになっても、他に収入源があることです。私は、選手に、将来の複業候補を現役時代に見つけておくことを勧《すす》めています。

短期間に、指導者としての場数《ばかず》を踏む

私は、41歳まで選手を続けましたから、指導者としてのスタートは遅くなりました。もちろん、長くプレーした分、選手の経験値はそれなりに積み上がりましたが、指導者の経験値は、ほぼゼロからのスタートになりました。

私は、遅れた分をどのようにして取り戻すかを考えました。そして、できるだけ短期間に、どれだけ指導経験を圧縮できるか、にポイントを置きました。

他人が1日に2時間指導をするとしたら、私は2倍の時間を指導する時間に充てなければなりません。そうしないと、いつまでも追いつき追い越すことはできません。

指導者の1年目は、明治大学サッカー部のコーチと横河武蔵野FCのコーチを兼務しました。以下に、私の1日のスケジュールを記します。

まず、朝。明治大学サッカー部の練習は、1日に3コマあります。学業最優先のため、1限目の授業に出席できるように、1コマ目の練習は早朝6時に始まります。この練習が2時間ほどで終わると、次は8時からセカンドチームの練習です。最後に10時からトップチームの練習が始まります。

このなかで、私が担当するのは1コマで、残りの2コマはサポートにつきます。自分が指導することも勉強になりますが、他の指導者の指導方法や課題へのアプローチ方法は、とても勉強になりました。新たな指導法を吸収するという意味では、他の指導者の指導法はとても新鮮で、私の引き出しを増やしてくれました。

次に、昼。ここで、すこし休息を入れます。

そして、夜。横河武蔵野FCの練習に備え、17時に準備を開始します。そして、19

時に練習が始まり、2時間ほど指導しました。

こうして、私は早朝から夜までフル回転で働き、指導の〝場数〟を増やしていったのです。

横河武蔵野FCでは、いつもピッチがフルに使える状況ではなく、まったく使えない日もあれば、ハーフピッチを1時間しか使えないという日もあります。また、すべての選手がアマチュアということもあり、仕事をそれぞれに持っています。

このように、場所や時間が制限されるなか、試合に向けての選手のコンディショニングと、様々な立場の選手（サラリーマン、アルバイト、学生等）をどのようにマネージメントしていくのかをテーマとして、今も日々、取り組んでいます。

先輩との出会いが、引き出しを増やす

クラブは、街クラブからJクラブまでかなりの数がありますが、指導者のポストは、選手と違って引退することがほとんどない世界です。したがって、よほどタイミングがよくなければ、ポストは空《あ》いていません。

私は幸運にも、母校である明治大学サッカー部、さらには明治大学サッカー部のOBが何人も在籍する横河武蔵野FCのコーチを兼務することになりました。周りを見渡せば、セカンドキャリアでサッカーに携《たずさ》われる人は、半分もいません。そのなかで、私が指導者の「職」を得ることができた要因は、早い時期からの〝種まき〟にありました。

私は、現役の時から様々な指導者に指導方法を勉強させてもらい、指導者の世界の話を聞く機会を作っていました。そして、引退を決断した現役最後の1年間は、プレーヤーとして集中はするものの、それ以外の時間は、指導者の道を探りながら、様々な方から情報をもらっていました。

サッカーの世界は案外狭いものです。これまで辿《たど》ってきた自分のサッカー人生を遡《さかのぼ》ってみるのもおもしろいものです。小学校の時に教えてもらったサッカースクールに行き、久しぶりにOBに会ってみる。中学や高校でもそうです。なつかしい友人との再会もあり、もしかしたら、その出会いが指導者への新たな道を作るきっかけになるかもしれません。

実際に私は、明治大学の試合を観戦後、20年ぶりにOB会に参加した時に多くの方がサッカー界に携わっていることに驚きました。

選手をしている時はプレーヤーとしてパフォーマンスを上げることで、頭のなかはいっぱいです。ただ、リラックスする時間、頭を切り替える時間も必要です。

そのリラックスする時間のなかの、たった10パーセントでもセカンドキャリアについて考える時間を持つと、それが積み重なり、他の選手と大きく差がついてきます。これは練習と同じです。一気に成果は出ませんが、コツコツと積み上げることで、いずれ大きな成果に結びつきます。

子どもを相手にすると、コーチングの質が上がる

二〇一二年夏、私は、〝ゴールデンエイジ〟と言われる小学校の高学年の指導にチャレンジしました。期間は夏休みの4週間、月曜日から金曜日まで10時に始まり、終了は17時でした。このトレーニングキャンプに参加した理由は、コーチングスキルを上げることです。

大学生以上、いわゆる大人への指導では、選手はある程度〝空気〟を読んでくれますが、子どもたちはそうはいきません。指導者が発した一言をそのまま受け取ります。時には、そんな意図で言ったのではないが……ということもありました。しかし、もしかすると大人も「わかっているふり」をしているだけかもしれません。その点、子どもはコーチングに対して素直に反応するので、はっきり言ってくれます。

指導者は、この「意図を汲《く》む」グレーゾーンをできるだけ狭くしておくべきです。自分がイメージしているものを他人によって形にしていく作業は、非常に難しいものです。その訓練を、子どもを相手に行なうことで、コーチングの質が上がるのです。

サッカーでは試合中、バレーボールのようにタイムはありません。したがって、一度リセットして、全員で修正点を共有して試合に戻る、ということはできません。ゆえに、試合中のコーチングはいつ、どこで、誰に、伝えるのか、そして、いくつかの修正点があった時、どれを選べばもっとも改善する可能性が高いか、を考えます。

言いたいことが山ほどあったとしても、それを全部選手に伝えることはできません。なぜなら、プレーが続いている状況だからです。そのため、私は一度に伝えることはひとつにしています。また、誰に伝えるのかも重要なポイントです。

たとえば、ディフェンスラインの修正をコーチングする時に、フォワードの選手に伝えれば、フォワードの選手はその指示をディフェンスの選手に伝えなければならず、ひとつ余計に作業が増えます。最悪の場合、意図したことがはっきりと伝わらない可能性もあります。

コーチングは、いかにシンプルに伝えるかということが大切です。それを教えてくれたのは、子どもたちでした。

選手は「早送り」、指導者は「早送り＋巻き戻し」

選手は、プレー中に頭のなかで、起こりうる様々な要素（敵、味方、ボールの位置等）を組み合わせ、計算して、はじき出した未来の映像を「早送りの作業」で作り出します。そして、その映像を元に、次にどう動けばいいのかを予測して実行しています。ボールが来てから考えているようでは、いい選手とは言えません。

指導者は、選手と同じように「早送りの作業」をしますが、同時に「巻き戻しの作業」も常に行なう必要があります。なぜなら、ミスの原因を突き止めなければならないからです。

たとえば、A君がゴール前でシュートミスをしたとします。この場面だけを切り取れば、「A君がシュートを失敗した」という事実です。ここからが、指導者の力量になります。

まず、シュートを打ったA君にフォーカスし、シュートミスをする前のプレーに戻します。A君はボールをうまくトラップできなかったために、相手ディフェンスに寄せられてしまいました。そのため、シュートコースが限定され、難しい状況でシュートを打たざるを得なくなり、その結果、シュートミスにつながった――これがわかると、課題はトラップということになります。

さらに巻き戻してみます。すると、そもそもA君にパスを出したB君のパスは正確だったのか。いや、かなりずれていた。むしろ、A君がB君からの難しいボールをうまくシュートまで持っていった――ことが明らかになります。

確かに、シュートミスをしたのはA君です。ですから、まず、A君が取り組むべきテーマが見つかりました。さらに、B君のパスまで巻き戻したことで、選手全員に「味方の選手には、シュートを打ちやすいパスを出そう」というテーマが見つかったのです。

ひとつのミスを巻き戻したことで、結果的に個人にもチームにも、テーマが見つかり、収穫が得られました。このように、ミスの出所《でどころ》を明確に発見するには、指導者はいつも、早送りと巻き戻しの両方の作業を行なう必要があるのです。

指導者は、「まちがい探しゲーム」に注意する

「巻き戻し作業」でミスの出所を発見したら、次に、そこに至るまでの一連のプレーを選手にわかりやすく説明、コーチングします。この際に注意することがあります。

何度もお話ししていますが、サッカーはミスのスポーツです。そして、試合中、ピッチのあちこちでミスが起きています。ですから、指導者は、子どもたちや経験の浅い選手に対して、「ミスは起きるもの」と余裕を持って接する姿勢が必要です。あれ

はダメこれもダメ、では選手が息苦しくなり、身動きが取れなくなってしまいます。

大事なことは、ミスの本質を教えることです。ミスを大きく分ければ、①基本技術のミス、②セオリーを無視したプレー、のどちらかに属します。

基本技術のミスは、比較的わかりやすいものです。シュート、トラップ、パスなど。結果がすぐに見えるため、ミスをした本人も周りの選手も、ミスとわかります。もちろん、ハイレベルになれば「巻き戻し」をして、ミスを誘発した最初の〝ずれ〟を起こした選手のプレーを指摘することが必要となります。

難しいのは、セオリーを無視したために起こったミスです。まず、「セオリーとは何か」から指導しなければなりません。セオリーを、私なりに簡単に表現すれば、「やってはいけないプレー」です。「失点につながるプレー」という言い方もできます。失点につながるプレーも、巻き戻し作業でミスが起こったスタート地点（プレー）をはっきりとさせることが大切です。

選手は、やはり指導者にほめられたいものです。私も選手でしたから、その気持ちがよくわかります。しかし、指導者が「セオリーを無視したプレー」を見逃すと、選手の将来に大きなマイナスとなります。なぜなら、指導者が的確に指摘すれば、選手にとって、その後の財産になる「バッドプレー」リストがひとつ増えるからです。

逆に、うまくいった一連のプレーも同様です。最後にシュートを決めた選手もすばらしいですが、そのひとつ前、ふたつ前のプレーがあったからこそ、ゴールにつながったことを説明すれば、「グッドプレー」リストが増えます。

このように、うまくいったプレー、うまくいかなかったプレー両方とも、選手が成長し、プレーの幅を広げるための好材料になるのです。

あえて指示せずに、気づくまで待つ

プロとしてもっとも重要なことは、舞台に上がる（試合に出る）ことです。そのためには、何事にもトライする覚悟が必要です。たとえ、それが自分のプレースタイルを変えることになっても。

自分が置かれた状況で活躍できる形――これが、私の考えるスタイルです。自分がしたいことしかしない――これは、ただの自己満足にしかすぎません。スタイルは、常に変わり続けるものです。

私がコーチングするうえで心がけているのは、選手に対して、上達に必要な「壁」を設定すること。あえて、すこし高めのハードルを設けるのです。

たとえば、明治大学サッカー部には、高校を卒業して鳴り物入りで入部してくる選手が多くいます。そのなかで、ある選手は高校時代、監督からチーム内の役割を「こういうふうに動いてくれ」と指示を受けていたとします。しかし、レベルの高い大学に来てからも高校時代と同じ動き方では、一向にパスをもらえません。私は、そんな時、あえてコーチングをしないこともあります。

選手本人が、うまくいっていない状況を「こんなはずはない」から「なぜ、うまくいかないのか」という考え方に変える必要があるからです。「こんなはずはない」＝「これまでの自分のやり方でうまくいかないはずはない」では、上達しません。

特に、高校時代に全国優勝などがあると、成功体験としてはすばらしくても、それにとらわれると成長できません。それは、あくまでも高校年代のことで、カテゴリーがひとつ上がる大学年代では、新たな成功体験を作り直すくらいの覚悟が必要です。

指導者は、選手を良くしようと思うと、つい、その場で指示したくなります。そこをぐっとこらえて、選手が気づくまで待ちます。もちろん、すぐにコーチングしなければならない場面もありますが、どんな優秀な指導者でも、同時に11人全員にコーチングすることは不可能です。ですから、試合中、様々な局面で起こるプレーの判断は、選手に委《ゆだ》ねるしかありません。

指導者は、「待つ」というコーチングによって、選手がうまくいかなくなった時、自分で考える習慣を身につけさせるべきです。

そして、指導者は、選手の前にせっかく現われた壁をその場しのぎで取り除くのではなく、選手自ら考えて、壁を乗り越えようとする状況を作ることが大切です。

「がんばります!」は、考えていない証拠

ある選手にアドバイスをすると、「わかりました、がんばります!」という答えが返ってきました。私のなかでは「わかっていないな」と確信していました。

ある程度のレベルまでいけば、がんばっていない選手はいません。ただ、どのよう

にがんばればいいか、理解できていない選手もいます。

がんばっている選手には2通りあります。がんばっている様子が他者から見てもわかる選手とがんばっているポイントがずれている選手です。後者のほうが、むしろ試合中に走る距離が長い傾向にあります。しかし、「がんばりどころ」と言うように、ポイントを外すと、がんばっている割に評価されません。

サッカーの試合では、攻撃と守備の切り替えは頻繁《ひんぱん》に起こります。ポイントは、いかに早く体と頭を切り替えられるかです。

たとえば、攻撃から守備に切り替わった時に、ほんの一瞬タイミングがずれただけで、自分がマークしている選手に10メートル、20メートル先を走られてしまいます。それを後ろから追いかける労力は、わずか1秒早く切り替えておけば、必要なかったものです。「がんばります！」と言う傾向がある選手は、ここで力を使うのです。本来は必要のない労力を……。

また、がんばりどころを見極めるには、予測する能力も必要です。野球のように、今は攻撃の時間、今は守備の時間と一方だけを考えていては、サッカーはうまくいきません。攻撃時でも守備に切り替わった場合をシミュレーションし、守備の時には攻撃に切り替わった場合をシミュレーションする必要があります。

指導者は、「がんばります」と言う選手には、これから起こる展開を予測させて、ポジショニングを取るように促《うなが》します。

「質問力」を上げる

すごい技術なのに、さらっとやってしまう人がいます。スポーツの世界では、特にそういう人が多いです。いわゆる〝天才型〟です。

このタイプの選手は感覚的にできてしまうため、「それ、どうやるのですか」と聞いても、「こんな感じですかね」というジェスチャーを見せてくれるだけで説明が終わってしまいます。こんな時には、「質問力」が必要です。

たとえば、ある選手に質問したい時に、その選手を事前によく観察して、自分なりの疑問点をいくつか用意します。そうすれば、「そこにボールが来そうだったんです」という答えに対して、「それはいつの時点ですか」「その時に、相手のマークを意識していましたか」など、より具体的なアクションに近づけます。

選手のなかには、こちら（指導者）が想像をしていなかったような発想をすることがあります。これはいい意味で、「想像を超える」ということ。指導者として非常に勉強になりますが、注意しなければならないのは、自分のほうがサッカーをよく知っていると思わないことです。一度、頭をリセットして、聞く耳を持つようにします。

この先、私が何年間サッカーを経験しても、すべては私の経験でしかありません。あとは、どれだけ新たなサッカー観を自分のなかに取り入れ、化学反応を起こせるかが成長のカギだと思っています。ですから、選手からの「想像を超える」質問はまたとない〝教材〟になります。

「質問力」を上げることは、選手や指導者という立場に関係なく、レベルアップに必要な要素です。また、質問対象の幅も広げる必要があります。サッカーからだけではなく、テニスでも卓球でもあらゆるジャンルから、技を吸収できる「器」を作ることが大切です。

「器」を作るには、常に「なぜ」「どうやって」という疑問を持つことです。単に、

「すごいな」「うまいな」ではなく、「もし自分がプレーするなら」「もし指導者として教えるなら」という視点をいつも持ちましょう。

基本技術を笑う者は、最後に泣く

私が明治大学サッカー部でコーチに就任した時、コーチングスタッフは私を含め４人でした。私は就任当初、他の３人の指導スタイルを観察し、私なりにこのチームに必要なものを練習メニューに落とし込み、自分の指導スタイルをすこしずつ積み上げていきました。

学生に対する私の第一印象は「ボールを扱う技術は高いが、ひとつひとつのプレーに雑な面がある」。そして「もう一度、基本技術の見直しをする必要がある」という結論に達しました。

基本技術をさらに磨くことで、ボールを扱う技術がより生きてくる、と考えたのです。しかし、基本技術にフォーカスすると、どうしても単調な練習が多くなります。そして、何度も繰り返すドリル練習をするうちに、あることに気がつきました。

それは、ふたりひと組でロングキックの練習をしている時でした。練習を始めて2分しかたっていないのに、ある選手がストレッチを始めました。私は、その選手の足の具合が悪いと思っていました。しかし、その練習をすると、いつもその選手をはじめ数名がストレッチを始めます。おかしいなと思いつつ、彼らを観察していると、きまって2分を過ぎたあたりからプレーが雑になります。つまり、練習に飽きていたのです。

もちろん、指導者として、私の練習メニュー構成の責任もあります。しかし、多くの学生がプロサッカー選手を目指す最終段階（大学生）において、基本技術が積み上がっていないことに関して、私ははなはだ疑問でした。

彼らに限って、大学4年生の、しかも他の学生がすでに就職を決めている時期になってから聞いてきます。「どうしてもプロになりたいのですが、何をすればいいですか」と。

もっとも危険な考えは、自分はこんなことぐらいできているという勘違いです。

「うまい」選手と「伸びる」選手

現在、私が監督を務めている横河武蔵野FCでは、小学生から高校生まで年代別のチームがあり、同じピッチで、時間をずらしながら練習を行なっています。

私は時々、トップチーム（社会人）の練習前に、様々なカテゴリーの練習をランニングしながら見学しています。育成年代（高校1～3年）の練習を見ると、私たちの時代では考えられないくらい「うまい選手」が増えています。ボールを扱う技術が優れ、大勢のメッシがいるように見えます。

では、「うまい選手」が増えてきたなかで、私は選手のどこを見て「伸びる選手」を予測しているでしょうか。

たとえば、ふたりひと組で行なう基本練習。おたがいに向き合ってひとりの選手がインステップキック（足の甲《こう》でのキック）をして、もうひとりは手で投げる役をする練習です。この時、つい、インステップキックをしている選手がしっかりとボールをミートしているか、という点に注目してしまいます。確かに、ここも大事です。しかし、私は、同時に投げている選手のボールの質も見ています。

このポイントは見落としがちですが、試合で味方に対して、常にていねいなパスを心がけている選手は、練習で投げるボールひとつとっても味方がプレーしやすいボールを投げています。逆に、自分がプレーする時だけ一生懸命になって、「投げるボール」が疎《おろそ》かな選手は、試合中のパスも雑なことが多いものです。

ボールを器用に扱える「うまい選手」が多くなってきたことは、日本のサッカー界にとって、非常に明るい材料であることにまちがいありません。しかし、残念ながら「うまい選手」がすべて「一流選手」へ成長するわけではありません。大切なことは、「投げるボール」にも気を遣えるかということです。

サッカーは、状況判断を競《きそ》うスポーツです。ボールを扱う技術は、ひとつのスキルでしかありません。その他にも、ボールを持っている選手のために長い距離を走りパスコースを作ったり、味方ディフェンスが相手に抜かれそうなことを予測してカバーリングすることも重要なスキルです。

これら、たくさんのスキルをどのような状況で使うと効果的なのか、あるいは味方が助かるかをいつも考えながらプレーしなければなりません。

自分が今、何をすればチームが勝利へ近づけるかをいつも考えながらプレーできることが、「伸びる選手」の必要不可欠な要素です。

「うまい選手」から「一流選手」へ！　二〇二〇年、東京オリンピック開催が決まりました。この時、サッカー界はどのような進化を遂げているのでしょうか。今よりももっと、世界で活躍できる選手が増えていることを心から願っています。

著者の歩みとサッカー史

年号	年齢	吉田康弘	サッカー環境
1969	0	広島県に生まれる(3人兄弟の次男)	
1976	7	広島大河フットボールクラブでサッカーを始める(同クラブ出身者に木村和司、森島寛晃、田坂和昭など)	
1977	8		奥寺康彦がケルン(ドイツ)と契約(日本人のプロ選手第1号)
1981	12		『キャプテン翼』の連載開始
1982	13		ワールドカップ スペイン大会
1985	16	東海大学第一高校(現・東海大学付属翔洋高校、静岡県)に入学	
1986	17	全国高等学校サッカー選手権大会、優勝	ワールドカップ メキシコ大会
1987	18	全国高等学校サッカー選手権大会、準優勝	
1988	19	明治大学農学部に入学、体育会サッカー部に入部	
1990	21		ワールドカップ イタリア大会 Jリーグ、参加クラブ決定
1991	22		Jリーグ、設立
1992	23	鹿島アントラーズに入団	Jリーグ、ヤマザキナビスコカップ開催
1993	24	天皇杯、準優勝 Jリーグ初代王者(ファーストステージ優勝)	Jリーグ、開幕 日本代表、ワールドカップ最終予選で敗退(ドーハの悲劇)
1994	25		ワールドカップ アメリカ大会
1995	26	清水エスパルスへ移籍	
1996	27	サンフレッチェ広島へ移籍 天皇杯、準優勝	
1997	28		日本代表、ワールドカップ初出場を決める(ジョホールバルの歓喜)

1998	29	天皇杯、準優勝	ワールドカップ フランス大会
1999	30	サンフレッチェ広島を退団し、ポルトガルへ。サンタ・クララのテストに合格するが、契約に至らず 帰国後、サンフレッチェ広島に復帰	Jリーグ、1・2部制(J1・J2)を導入
2000	31	サンフレッチェ広島を退団し、ブラジルへ。ウニオン・サンジョアンのテストを受けるが、ビザ取得が間に合わず断念 帰国後、清水エスパルスへ移籍	
2001	32	天皇杯、優勝 ゼロックス スーパーカップ、優勝 アジア・カップウィナーズ・カップ、3位	
2002	33	ゼロックス スーパーカップ、優勝 アジア・カップウィナーズ・カップ、ベスト8	ワールドカップ 日韓大会
2003	34	AFCチャンピオンズリーグ、準々決勝リーグ敗退	
2005	36	天皇杯、準優勝	Jリーグ、2ステージ制から1シーズン制に変更
2006	37	FC岐阜(地域リーグ)へ移籍 東海1部リーグで優勝し、JFLに昇格	ワールドカップ ドイツ大会
2007	38	JFL3位	
2008	39	J2に昇格	
2009	40	藤枝MYFC(都道府県リーグ)へ移籍	
2010	41	シーズン終了後、現役引退	ワールドカップ 南アフリカ共和国大会
2011	42	横河武蔵野FC(JFL)のコーチに就任 明治大学体育会サッカー部のコーチを兼任	なでしこジャパン、女子ワールドカップ ドイツ大会で優勝
2012	43	横河武蔵野FCのヘッドコーチに就任 天皇杯、ベスト16	
2013	44	横河武蔵野FCの監督に就任	

編集協力　糸井　浩
図版作成　篠　宏行

切りとり線

★読者のみなさまにお願い

この本をお読みになって、どんな感想をお持ちでしょうか。祥伝社のホームページから書評をお送りいただけたら、ありがたく存じます。今後の企画の参考にさせていただきます。また、次ページの原稿用紙を切り取り、左記まで郵送していただいても結構です。

お寄せいただいた書評は、ご了解のうえ新聞・雑誌などを通じて紹介させていただくこともあります。採用の場合は、特製図書カードを差しあげます。

なお、ご記入いただいたお名前、ご住所、ご連絡先等は、書評紹介の事前了解、謝礼のお届け以外の目的で利用することはありません。また、それらの情報を6カ月を越えて保管することもありません。

〒101-8701（お手紙は郵便番号だけで届きます）
祥伝社新書編集部
電話03（3265）2310
祥伝社ホームページ http://www.shodensha.co.jp/bookreview/

★本書の購買動機（新聞名か雑誌名、あるいは○をつけてください）

＿＿＿＿新聞の広告を見て	＿＿＿＿誌の広告を見て	＿＿＿＿新聞の書評を見て	＿＿＿＿誌の書評を見て	書店で見かけて	知人のすすめで

★100字書評……組織《チーム》で生き残る選手 消える選手

名前

住所

年齢

職業

吉田康弘　よしだ・やすひろ

横河武蔵野 FC（JFL）監督。1969年、広島県生まれ。東海大学第一高校（現・東海大学付属翔洋高校）在学中、全国高等学校サッカー選手権大会優勝。明治大学農学部卒業後、1992年に鹿島アントラーズ入団。卓越した戦術眼でジーコから後継者に指名される。清水エスパルス、サンフレッチェ広島、FC 岐阜、藤枝 MYFC でプレー。2010年に引退。横河武蔵野 FC コーチ、明治大学体育会サッカー部コーチを経て現職。著書に『夢をかなえる成功トレーニング』（共著）など。
公式サイト　http://www.yoshida-yasuhiro.com/

組織《チーム》で生《い》き残《のこ》る選手《せんしゅ》 消《き》える選手《せんしゅ》

吉田康弘《よしだやすひろ》

2014年 2 月10日　初版第 1 刷発行

発行者………………竹内和芳
発行所………………祥伝社しょうでんしゃ
〒101-8701　東京都千代田区神田神保町3-3
電話　03(3265)2081(販売部)
電話　03(3265)2310(編集部)
電話　03(3265)3622(業務部)
ホームページ　http://www.shodensha.co.jp/
装丁者………………盛川和洋
印刷所………………萩原印刷
製本所………………ナショナル製本

Printed in Japan　ISBN978-4-396-11354-4　C0275